Klaudia Lehner · Die Schnackerlbahnbande

FÜR NICOLA!
VIEL FREUDE BEIM
LESEN
EDITH PLATZL
JUNI 2024

Klaudia Lehner

Die Schnackerlbahn-bande

Umweltsheriffs in Aktion

ENNSTHALER VERLAG STEYR

www.ennsthaler.at

ISBN 978-3-7095-0162-7
Klaudia Lehner · Die Schnackerlbahnbande:
Umweltsheriffs in Aktion

Ennsthaler Gesellschaft m.b.H. & Co KG, 4400 Steyr, Austria
Satz und Umschlaggestaltung: Ronald Gabeck
Umschlagbild und Illustrationen: Mag. art. Edith Platzl
Druck und Bindung: Print Group, Szczecin

Inhaltsverzeichnis

Gewidmet meiner lieben Nichte Sophie
Geliebt. Für immer in unseren Herzen!

Die Umweltsheriffs

Es ist Mitte Oktober, längst hat der Schulalltag die Kinder der S-Bande wieder fest im Griff. Unter der Woche gibt es kein Bandenleben am Sonnenhang. Selbst die Falken sitzen jeden Nachmittag brav über ihren Büchern, schreiben ihre Hausaufgaben, büffeln für einen anstehenden Test oder eine Schularbeit.

Ab Freitagmittag und am Wochenende dürfen sich die Kinder treffen. Meist verabreden sie sich beim Falkenhorst. Schließlich verfügen die Jungs über einen kleinen, selbst gebastelten Miniofen, der den Jägerhochstand in wenigen Minuten erwärmt.

Im Falkenhorst ist es zu siebt zwar furchtbar eng, fast zu eng, doch die angenehm warmen Tage werden immer rarer und so rutschen die Kinder gern etwas zusammen. Außerdem steht das Quartier der S-Bande, ein alter Güterwaggon der Steyrtalbahn, weit weg vom Aschacher Ortszentrum und bei Temperaturen um die 15 Grad Celsius weht den Kindern jedes Mal ein frischer Wind um die Ohren, wenn sie auf dem Weg zum Geheimquartier auf ihren Rädern sitzen und kräftig in die Pedale treten.

Heute ist Samstag und die Schwestern Anna und Sophie liegen um acht Uhr morgens noch verträumt in ihren Betten. »Anna, Sophie, steht auf! Frühstück ist fertig!«, ruft die Mutter aus der Küche im Parterre nach oben. Augenblicklich munter hüpft die zwölfjährige Sophie aus dem kuscheligen Bett. Ihr Magen knurrt und sie freut sich auf einen reichhaltig gedeckten Frühstückstisch. Auf dem Weg ins Badezimmer kommt sie bei Annas Zimmer vorbei. Obwohl die Schlafzimmertür nur angelehnt ist, dringt aus dem Inneren kein einziger Mucks, Anna schlummert noch immer wie ein Murmeltier. Die Kleine träumt besonders in den Morgenstunden die schönsten, realsten Träume, diese will sie auskosten.

Eben ist sie auf einer Südseeinsel. Sie sitzt am weißen Strand und schaut über das blaue Meer. Ihr blondes Haar glänzt im Sonnenschein. Immer wieder fährt sie mit ihren gespreizten Fingern durch den warmen Sand. Plötzlich spürt sie das Wasser, wie es durch ihre Finger gleitet. Es ist ziemlich kalt, viel zu kalt für den sonnigen Tag am Strand.

»So eisig«, flüstert das Mädchen fast unhörbar leise.

Plötzlich schreckt Anna in ihrem Bett hoch und reißt die rechte Hand in die Höhe. Sie ist bis zum Pyjamaärmel pitschnass. Erst jetzt bemerkt sie ihre Schwester Sophie neben sich. Diese stellt kichernd blitzschnell eine mit eiskaltem Wasser gefüllte Plastikschüssel auf den Schlafzimmerteppich.

»Ha, ha«, lacht Sophie lautstark los, »jetzt bist du munter!«

»Spinnst du völlig? Was machst du in meinem Zimmer?«, schreit Anna und registriert schön langsam, was passiert ist. Ihre ältere Schwester hat ihr einen furchtbar gemeinen, hinterlistigen Streich gespielt. Während sie im Träumeland weilte, schlich sich Sophie mit der Waschschüssel ins Zimmer und hielt Annas rechte Hand ins eiskalte Wasser.

»Du hast ganz schön lange gebraucht, um aufzuwachen«, meint Sophie verschmitzt, »wahrscheinlich hast du eben von Sebastian geträumt.« Das war nun wirklich zu viel an Bosheit für Anna so früh am Morgen.

In den letzten Wochen hat sich das Mädchen oft von Paulina und Sophie so manche Gemeinheit gefallen lassen müssen. Leider hat sie den beiden in einem schwachen Moment anvertraut, dass sie den technikbegeisterten Jungen aus der Falkenbande derzeit am liebsten mochte.

Sofort reißt die Kleine ihre Tuchent beiseite und schwingt ihre dünnen Beinchen aus dem Bett. Gerade noch rechtzeitig entkommt Sophie ihrer fuchsteufelswilden Schwester mit einem Hechtsprung aus dem Kinderzimmer. Leider hat Anna komplett die Schüssel übersehen. Mit ihrem rechten Fuß steigt sie direkt hinein, das Wasser schwappt auf den Teppich.

»Das wirst du mir büßen!«, schreit sie außer sich vor Wut und blickt hinunter auf die nasse Sauerei. Aus der Küche dringen dumpfe, mahnende Worte der Mutter nach oben.

Nach einer halben Stunde sitzt die Familie vereint rund um den Küchentisch. Vater, Mutter und die Töchter genießen den Samstagsbrunch. Noch immer sichtlich sauer greift Anna nach dem Orangensaft. Sophie hilft sogleich der Schwester und schiebt ihr den randvollen Glaskrug etwas näher. Mit ihrer netten Geste möchte sie die Versöhnung einleiten. Anna füllt ihr Saftglas bis zum Rand.

»Wenn ihr möchtet, könnt ihr dann mit zu Oma und Opa fahren, sie sind heute am Vormittag in der Au in Pichlern. Euer Großvater schneidet ein paar Käferbäume um. Ihr könnt Oma beim Holzschlichten im Wald helfen. Sie freut sich bestimmt, wenn ihr beide mit anpackt. Ich werde mich dann auf den Weg nach Sierning begeben, ich muss ein paar Besorgungen machen. Zu Mittag hole ich euch wieder ab«, meint die Mutter. Da sie beide eben den Mund voll haben, stimmen die Mädchen nickend dem Vorschlag zu. Ihnen gefällt es in Opas Wald sehr. Schon so manches Abenteuer haben die Kinder dort in der Pichlerner Au in den vergangenen Jahren in der Nähe des glasklaren Steyrflusses erlebt.

Nach dem Brunch geht es endlich los. Mit der Mutter einkaufen wären sie bestimmt nicht gefahren. Jedes Mal dauert es eine halbe Ewigkeit, bis sie alle Einkäufe erledigt hat. Dabei rennt sie in einem Höllentempo durch die Gänge der Geschäfte, sodass Anna und Sophie kaum hinterherkommen. Wie ein geölter Blitz saust die Mutter von einem Regal zum nächsten und greift in Windeseile nach dem Notwendigen, als wäre jemand hinter ihr her. Außer sie trifft eine alte Bekannte, dann quatscht sie so lange, dass ihren Töchtern die Ohren surren. Paulina, die ein Einzelkind ist, darf sich bei jedem Einkauf etwas um zehn Euro aussuchen, die Schwestern natürlich nicht. Schließlich muss die Familie jetzt schon für das bestimmt in Zukunft teure Studium der Töchter sparen, und somit ist Holzarbeit die bessere Alternative für die Mädels.

Kurz nach dem Kraftwerk biegt die Mutter links in die Sackgasse zum Haus der Großeltern ab. Vor dem Aussteigen mahnt sie die beiden: »Seid folgsam und bleibt weit genug weg, wenn Opa die Motorsäge startet!« »Ja, Mama«, geben die Kinder im Chor von sich und hüpfen bei der Autotür hinaus. Niemals würden sich die Schwestern einer laufenden Säge nähern, denn beim Geräusch der Holzverarbeitungsmaschine haben sie sofort Opas Schauergeschichte im Kopf. Er hat ihnen mehrmals erzählt, dass sich einst sein Waldnachbar selbst mit dem Gerät einen tiefen Schnitt in den Hals zugefügt hatte und daran fast qualvoll verblutet wäre.

Zu Fuß machen sie sich auf den Weg in die Au. Nach einem kurzen Anstieg tauchen sie in den Mischwald ein. Kaum zu glauben, dass sie nun auf der ehemaligen Hauptstraße nach Grünburg unterwegs sind. Von zahlreichen Baumkronen gedämpft hört man den Verkehrslärm von der Bundesstraße herunter. Lastwagen donnern vorüber und Motorräder heulen auf, weil sie auf der langen Geraden über ihnen Vollgas geben. Die geschotterte Straße ist ziemlich schlecht beisammen. Anna und Sophie reichen sich die Hände und springen über tiefe, große Wasserpfützen. Das ist ein Spaß!

»Pass auf!«, ruft Sophie und reißt heftig an Annas Hand. Die Kleine hätte den weiten Satz über eine besonders große Wasserlache fast nicht geschafft. Gut gelaunt dringen sie immer weiter in den Wald ein. Da dem Großvati mehrere kleinere Waldabschnitte gehören, wissen die Schwestern nicht, wo er gerade mit Oma arbeitet. Bis jetzt hören sie keine Motorsäge.

»Sieh einmal, Anna«, ruft Sophie, »hier hängen im alten Befestigungsgeländer der Straße immer noch die Zinnlametta aus dem Zweiten Weltkrieg!«

Obwohl Anna keine Ahnung hat, wovon Sophie spricht, kommt das Mädchen interessiert näher. Anna besucht erst die vierte Klasse Volksschule in Aschach, und vom Zweiten Weltkrieg hat sie bis jetzt im Sachunterricht noch nichts gelernt. Sophie besucht mittlerweile die zweite Klasse Gymnasium in Steyr und hat seit zwei Jahren Geschichte. Ihr alter Professor redet am liebsten über die Weltkriege, als wäre er höchstpersönlich dabei gewesen, obwohl sie laut Lehrplan erst über Erfindungen und Entdeckungen der Neuzeit lernen sollten. Ein paar gewiefte Jungs aus Sophies Klasse nutzen das berechnend aus, sie fragen in den Geschichtestunden interessiert Details zu den Weltkriegen nach. Sie wissen natürlich, dass der Professor sofort vom eigentlichen Thema abdriftet und ausführlich auf die Fragen eingeht. Ausschweifend beantwortet der Professor jede Frage, und so kommt es, dass nach vier Schulwochen das Geschichteheft noch immer fast leer ist, aber die Klasse schon viel über die Weltkriege weiß.

»Was ist das?«, fragt die Kleine neugierig und streift mit ihren Fingern die grauen Metallstreifen, die wirr im verrosteten Geländer hängen.

»Weißt du, die Engländer haben damals während des Krieges das Radar erfunden, damit haben sie feindliche Flugzeuge orten können. Die Deutschen sind auch nicht dumm gewesen und haben zum Schutz Täuschkörper in Form dieser Metalllametta abgeworfen, damit waren die Flugzeuge auf den Radarschirmen nur schwer zu erkennen. Du musst dir vorstellen, die hängen hier seit über achtzig Jahren herum«, erklärt Sophie gekonnt.

Anna lauscht aufmerksam und hat eine tolle Idee, die sie sogleich erzählen muss: »Weißt du was, Sophie? Die Falken würden uns die Metallstreifen bestimmt teuer abkaufen, Lukas ist ja völlig verrückt nach dem Kriegskram. Auch sein Vater sammelt alles Alte und teilweise auch Verbotene am Dachboden des Bauernhofs. Er hat laut Luks stolzen Erzählungen sogar Teile eines amerikanischen Flugzeugs zu Hause, das in den 1940er-Jahren im Lettenwald abgestürzt ist. Opa hat uns davon schon einmal erzählt.«

»Stimmt. Komm, lass uns ein paar Streifen einsammeln«, meint Sophie. Da das alte Eisengeländer halb umgefallen ist, verlassen die Kinder die Schotterstraße und klettern über den Zaun. Wenige Schritte dahinter fällt das Gelände steil ab. Überall liegt feuchtes Laub und die Schwestern müssen aufpassen, dass sie nicht auf nassen Ästchen ausrutschen und in die Tiefe stürzen.

Ganz vertieft in ihre Tätigkeit bemerken die Mädchen erst spät, dass sich ein schwarzes Auto nähert. Selten verirrt sich ein Wagen auf die alte, einspurige, von Schlaglöchern übersäte Schotterstraße. Meistens fahren nur die Waldbesitzer hier entlang.

Langsam manövriert der schwarze Kombi im Schritttempo und Zickzackkurs an den Mädchen vorüber. Die Stoßdämpfer des Pkw haben ordentlich zu arbeiten. Reflexartig ducken sich die Schwestern etwas nieder und legen sich der Länge nach auf den weichen Waldboden. Sophie ist für ihr Alter schon recht groß, ihre Füße baumeln über dem Abgrund. Um besseren Halt zu haben, klammert sie sich mit aller Kraft mit beiden Händen an das alte Eisengeländer. Dabei verdrängt sie die unzähligen Waldbodenkrabbler, die sich ganz bestimmt unter und neben ihr tummeln. Sie hasst diese Viecher!

Keinen Mucks geben die zwei von sich und beobachten das folgende Geschehen. Plötzlich bleibt der Wagen stehen und nach wenigen Sekunden fliegt die Fahrertür ruckartig auf. Ein komplett dunkel gekleideter Mann

steigt aus und geht schnurstracks zum Kofferraum. Gebannt starren Sophie und Anna hinüber zum Wagen. Maximal zwanzig Meter trennen sie von dem Unbekannten. Unheimlich ist ihnen zumute. Der schlaksige Kerl trägt tief ins Gesicht gezogen eine schwarze Kappe, die sein Antlitz unkenntlich macht. Anna kann dennoch wahrnehmen, dass der Mann einen Ohrring in Ankerform sein Eigen nennt. Außerdem trägt er eine auffällige Tätowierung am Kopf, ein Gecko schlängelt sich den Hals hinauf. Angewidert starrt die Kleine zum Fremden hinüber, Schuppenkriechtiere sind nicht gerade ihre Lieblingskuscheltierchen.

Nacheinander lädt der etwa einen Meter neunzig große Mann riesige schwarze Müllsäcke aus und stellt sie gleich neben die Straße auf den Waldboden. Zu neugierig schiebt Anna ihren Kopf über das Befestigungsgeländer, sie möchte das Autokennzeichen erkennen. Sanft zieht Sophie ihre kleine Schwester wieder hinunter, sie will nicht erkannt werden. Viel zu verdächtig ist ihr der Mann.

Jedes Kind weiß, dass man keine Müllsäcke im Wald abladen darf. Nicht auszudenken, was dieser Umweltverschmutzer mit ihnen tun würde, wenn er sie entdeckt. Angstschauer laufen Sophie über den Rücken, und vor lauter Schauen vergisst das Mädchen zu blinzeln. Kalten Schweiß treibt es ihr aus den Poren. Das bange Warten kommt der Großen wie eine Ewigkeit vor.

Auch Annas Puls schnellt immer mehr in die Höhe, zig Fragen jagen ihr durch den Kopf:

»Was ist in den Säcken? Sieht so ein Verbrecher aus? Beseitigt er gar Leichenteile im Wald?« Beide Mädchen lesen in der Freizeit am liebsten Krimis und deshalb kommen ihnen die wildesten Fantasien in den Sinn.

Gespannt blicken sie hinüber zum Wagen. Nun lädt der Mann vorsichtig den letzten Müllsack aus dem Auto. Unter sichtlicher Anstrengung hebt er den größten Sack aus dem Kofferraum und postiert ihn gleich neben dem Auto bei den anderen drei Säcken.

Dann geht es schnell. Er geht vor zur Fahrertür, steigt ein und fährt im Schritttempo wieder über die unzähligen Schlaglöcher davon. Als das Motorengeräusch nicht mehr zu hören ist, krabbeln die Schwestern, erleichtert, nicht entdeckt worden zu sein, aus ihrem Versteck.

»Puh, wir haben Glück gehabt!«, seufzt Sophie. Sie betrachtet ihre Hände, ihre vorderen Fingerglieder sind ganz weiß vom festen Anklammern.

»Iiih!«, stößt sie plötzlich aus und hüpft wie ein wild gewordener Pavian auf dem Waldboden herum. Dabei fährt sie sich immer wieder hastig unter das T-Shirt. Gewiss waren ihr ein paar Krabbler etwas zu nahe gekommen, die muss sie nun schleunigst wieder loswerden.

»Bist du fertig? Stell dir vor, ich habe einen Teil des Autokennzeichens erkennen können. Auf jeden Fall ist da

133 XY gestanden. Leider habe ich die vorderen Buchstaben nicht erkennen können«, gibt Anna von sich.

»Dann fehlen uns bloß die Buchstaben für den Bezirk, SE oder SR zum Beispiel. Wir müssen uns eine Eselsbrücke ausdenken, damit wir uns die Ziffern und Buchstaben merken«, meint Sophie und denkt sogleich nach.

Doch ihre kleine Schwester kommt ihr zuvor. »133 ist einfach zu merken, das ist die Nummer der Polizei. Für XY fällt mir auch gleich etwas ein. Warte kurz ... ist das vielleicht unheimlich. Natürlich merken wir uns die Buchstaben! Sophie, du kennst doch die Fernsehsendung ›Aktenzeichen XY‹, die wir uns von Papa aus nie ansehen dürfen. Hier werden reale Kriminalfälle nachgespielt und die Bevölkerung wird um Mithilfe gebeten. Wirklich sehr merkwürdig alles! Dieses Kennzeichen vergessen wir bestimmt nicht mehr.«

Plötzlich hören die Mädchen in der Ferne das Geräusch einer Motorsäge. »Opa und Oma! Sie arbeiten unten am Steyrufer!«, ruft Sophie freudig. Sie möchte nur weg von hier. Sogleich greift sie nach Annas Jacke und will ihre Schwester mit sich fortziehen.

»Warte kurz. Ich möchte nachsehen, was in den Säcken ist«, sagt die Kleine forsch. »Lass das, komm weiter! Das ist viel zu gefährlich«, meint Sophie ängstlich.

Widerwillig gibt Anna klein bei und folgt der Älteren nach. Natürlich möchte sie später an den Ort des Geschehens zurückkehren und die schwarzen Säcke ungestört genauer unter die Lupe nehmen. Vielleicht kommt Max mit, der ist mutiger als ihre Schwester.

Nach circa fünf Minuten Fußmarsch können sie Omi auf einer kleinen Waldlichtung erkennen. Sie ist damit beschäftigt, Äste auf einen Haufen zu stapeln. Seit ihrer Knieoperation im letzten Sommer merkt man Großmutter an, dass sie bei starker Belastung Probleme mit ihrem linken Fuß hat. Mühevoll zieht sie die Äste hinter sich her, ihr Gesicht wirkt nicht gerade fröhlich dabei. Leider ist sie auch schon etwas schwerhörig. Obwohl ihr die Enkelinnen schreiend entgegenlaufen, bemerkt sie diese erst im letzten Moment. Sofort blickt sie erfreut auf.

»Was macht ihr denn hier, Sophie und Anna?«, fragt sie verwundert. Schnell erklären ihr die Mädels den Grund ihres Waldbesuchs.

»Wo ist denn Opa?«, will Anna wissen. Sie hört nun keine Motorsäge mehr, sondern ein dumpfes Klopfgeräusch. Großvater entastet den eben gefällten Baum mit einer Axt. Da fällt Anna sofort die Geschichte mit ihrer Mama ein. Sie kichert vor sich hin.

»Was gibt es da zu lachen, wenn sich euer Opa so plagen muss?«, wird sie von der Großmutter getadelt. »Ach, nichts, Oma, ich habe nur daran denken müssen, wie ungeschickt sich unsere Mama bei der Holzarbeit als Jugendliche angestellt hat. Sie hat sich doch beim Entasten im Aschacher Wald, der nun unseren Eltern gehört, einmal mit der Hacke selbst auf den Kopf geschlagen.«

Jetzt muss auch die Oma grinsen und meint: »Gut, dass damals nicht mehr passiert ist. Eure Mutter kann dafür andere Dinge sehr gut. Wisst ihr, Kinder, euer Opa hat eine dürre Esche auf der Böschung hinunter zur Steyr gefällt. Wir haben ein richtiges Eschensterben in Österreich, es ist ein Jammer. Ein Baum nach dem anderen stirbt ab. Wartet hier bei mir, Opa wird gleich heraufkommen. Dann machen wir eine kurze Pause und er erklärt euch, wie ihr uns helfen könnt.«

Fleißig packen die Schwestern bei der Waldarbeit mit an. Unzählige Male stapfen sie die steile Böschung hinauf, unter den beiden Armen haben Anna und Sophie jedes Mal Äste eingeklemmt, die sie hinter sich herziehen. Mühlselig gestaltet sich die Holzarbeit, da sich die zu ziehenden Äste immer wieder an Bäumen und Stauden verhängen.

Stetig wächst der Holzhaufen auf der Ebene an. Opa möchte die gesammelten Äste später zu Hackschnitzel verarbeiten lassen. Immerhin verschlingen die Tischlerei von Onkel Franz und Opas Wohnhaus daneben 120 Kubikmeter Heizmaterial jedes Jahr.

Gegen Mittag kehren die Mädchen ziemlich geschafft mit ihren Großeltern aus dem Wald zurück. Natürlich haben sie ihnen das Erlebnis mit dem unbekannten Umweltverschmutzer verschwiegen. Opa würde sich sonst tagelang furchtbar über den Mann aufregen und Oma würde den Mädchen zum x-ten Mal die Geschichte mit den abgerupften Schneerosen erzählen. Jedes Frühjahr bleiben Leute mit ihren Autos in der Au entlang der Bundesstraße stehen und reißen büschelweise Schneerosen und Veilchen in Opas Wald ab. Anscheinend verkaufen diese Menschen die unter Naturschutz stehenden Blumen auf den Märkten in Steyr und Linz. Unzählige Male hat Großvater die Unholde schon zur Rede gestellt, doch vergeblich, jedes Jahr wiederholt sich in der Au dasselbe Szenario und strapaziert die Nerven der Großeltern.

Pünktlich um zwölf Uhr holt die Mutter Anna und Sophie beim Haus der Großeltern im Sierninger Ortsteil Pichlern ab. Müde und hungrig von der Waldarbeit freuen sie sich aufs Mittagessen. Ihr lieber Großvater steckt den Mädchen vor der Abfahrt noch etwas Geld als Dank zu.

Gleich nach dem Essen nimmt Anna Kontakt mit Max auf. In einer kurzen Whatsapp-Nachricht teilt sie ihm mit, dass sie ihn beim Waggon am alten Bahnhof treffen möchte. Ihre Schwester verabredet sich am Nachmittag mit Paulina, sie wollen gemeinsam Mathe lernen.

Die Kleine kann nicht wissen, dass Max in den vergangenen Wochen ziemlich viel Zeit mit den Jungs der Falken verbrachte. Lukas, Sebastian und Tobias haben sich heute nach dem Mittagessen mit Max zum Fußballspielen beim Löberbauern getroffen. Auf der Wiese hinter dem Falkenhorst steht ein Fußballtor. Früher gehörte Max zu den Falken und hing täglich mit den Burschen ab und spielte den Mädels böse Streiche. Erst nach seinem Rauswurf aus der Bubenclique vor rund einem Jahr wechselte er zur S-Bande.

Leider reagiert Max auf die Mitteilung nicht. Der Junge steht im Tor und wehrt Weitschüsse vom Anführer Luk ab. In einer Trinkpause sieht der klein gewachsene Max dann doch einmal auf sein Handy. Mittlerweile sind drei Mitteilungen von Anna eingegangen. In der letzten steht knapp: »15 Uhr Treffpunkt Geheimquartier. Codename: Umweltsheriffs! Anna.«

Max blickt auf seine Uhr, es ist bereits Viertel vor drei. »Jungs, habt ihr Lust, mit zum Waggon zu fahren? Anscheinend werden wir als Umweltsheriffs gebraucht. Anna hat mir eine geheimnisvolle Mitteilung geschickt.«

Max denkt sich nichts dabei, die Burschen aus der Gegenbande mit zum Treffpunkt zu nehmen. Schließlich haben sie sich in den letzten Wochen seit der gemeinsamen Ergreifung des Feuerteufels von Aschach an der Steyr super verstanden. Zwei Stunden aufs Tor zu schießen war auch allen genug, und so nehmen sie allesamt gern die Einladung an.

»Aber der grobe Hans gehört uns! Den werden sich die Falken vornehmen!«, schreit Luk beim Aufsteigen auf sein Fahrrad.

Im Zuge der Brandermittlungen nach den vielen Bränden in Aschach ist der kräftig gewachsene Hans, der in der Nähe der Wehranlage wie ein Schwein haust, lange ihr Hauptverdächtiger gewesen. Sein Grundstück ist übersät von Unrat, und der Anführer der Falken nimmt jetzt an, dass Anna es auf ihn abgesehen hat. Lukas hat der Kleinen von Hans berichtet. Schließlich liegt der Waggon der S-Bande nur ein paar Minuten vom zugemüllten Haus des Einzelgängers entfernt.

»Anna hat bestimmt etwas anderes vor«, gibt Max zurück. Mit hoher Trittfrequenz entfernen sich die Jungs vom Anwesen des Löberbauern. Bald werden sie das Areal des alten Bahnhofs der Steyrtalbahn erreichen.

Der Schneestangenverschlag

Seit ungefähr einer halben Stunde sitzt Anna bereits im Waggon und wartet auf das Erscheinen von Max. Nach einem erneuten, ungeduldigen Blick auf die Uhr ertönt endlich das Mitteilungssignal.

»Komme gleich«, steht auf Annas Handydisplay.

»Wird aber auch Zeit«, seufzt sie und hüpft vom Bretterboden hoch. Die Zehnjährige schiebt die Holzschiebewand auf und klettert aus dem alten Güterwaggon. Auf dem Bahnhofsareal ist niemand zu sehen. Von Ende September bis Anfang Dezember fährt die Museumsbahn nicht regelmäßig, die Bahngesellschaft führt notwendige Wartungsarbeiten durch, damit die alte Bahn fit für die beliebten Adventwochenenden ist. Hunderte Gäste nutzen in der Vorweihnachtszeit das Angebot und machen sich mit der schnaufenden, geschichtsträchtigen Steyrtalbahn auf den romantischen Weg von der Eisenstadt Steyr bis zum Lokschuppen in Grünburg.

Fünf Minuten später sieht Anna in der Ferne vier Buben den Bahnberg hinunterrasen. Sebastian erreicht als Erster den Waggon und grüßt Anna freundlich: »Servus, Anna. Ich hoffe, es stört dich nicht, dass wir mitgekommen sind. Uns ist furchtbar langweilig gewesen.«

»Hallo, Jungs. Super, dass ihr endlich da seid, ich muss euch Unglaubliches erzählen und zeigen«, begrüßt das

Mädchen die Buben. Nacheinander lehnen sie ihre Drahtesel an den Waggon der Schnackerlbahn und klettern danach ins Innere zu einer kurzen Besprechung. Drinnen lässt sich Anna auf einem Fleckerlteppich nieder und rückt sich einen Kuschelpolster als Lehne zurecht. Gleich neben ihr lassen sich die Buben in einem Halbkreis nieder und warten im Schneidersitz gespannt auf ihre Erzählungen.

»Hört zu, es wartet eine neue Aufgabe auf die S-Bande und die Falken. Die Jagd nach dem Feuerteufel ist bereits Wochen her und wir brauchen etwas Neues. Paulina und

Sophie vergraben sich nur mehr hinter ihren Schulbüchern. Max sehe ich auch kaum noch. So kann es nicht mehr weitergehen! Wo bleibt die Aktion am Sonnenhang? Papa hat heute beim Mittagessen erzählt, dass die Gemeinde Aschach den Oktober als Monat der Müllsammlung erklärt hat. Was haltet ihr davon, wenn wir uns als Umweltsheriffs daran beteiligen?« Fragend blickt das Kind in die Runde.

»Umweltsheriffs? Klingt nicht gerade nach Aktion, Anna«, meint Luk etwas enttäuscht. Ein neuer Kriminalfall so wie das letzte Mal hätte ihm Spaß gemacht, aber Müll sammeln für die Gemeinde klingt mehr als öde. Zu Hause im Kuhstall kann sich Lukas auch die Finger schmutzig machen, da muss er nicht durch die Gegend ziehen und den Dreck anderer Leute unentgeltlich auflesen. Der Bub möchte keine Zeit mehr am Samstag vergeuden und bedeutet seinen Freunden aufzustehen.

»Wartet doch, ich bin noch nicht fertig. Jetzt wird es gleich spannend«, verspricht das Mädchen und fährt schnell fort, »Sophie und ich waren heute in der Pichlerner Au. Stellt euch vor, wir haben einen Verbrecher beobachtet. Er war völlig schwarz gekleidet und hat vier vollgestopfte Müllsäcke eilig in der Au zurückgelassen. Wie ein typischer Schwerverbrecher hat er ausgesehen, inklusive auffälligem Ohrring und ausgefallenem Tattoo am Hals. Ich habe mir auch sein Autokennzeichen gemerkt. Zu gern würde ich wissen, was sich in den mysteriösen Müllsäcken befindet.«

Nun hat das Mädchen die Neugier der anderen geweckt. Schließlich klingt das schon eher nach spannender Verbrecherjagd.

»Müllsäcke, sagtest du?«, fragt Max nach.

»Ja, sie waren alle prall gefüllt und ziemlich rund. Nicht so, als würde sich Hausmüll darin befinden. Vielleicht wollte er Leichenteile loswerden. Ich habe sogar gesehen, wie aus einem Sack rotbraune, zähe Flüssigkeit getropft ist«, streut Anna ein. Diese Beobachtung hat sie heute am Vormittag ihrer Schwester Sophie vorenthalten, diese war so schon total fertig mit den Nerven gewesen.

»Dann müsste er aber mindestens zwei Leute auf dem Gewissen haben, denn vier Säcke sind für einen Leichnam zu viele. Außerdem müsste er die Körper zerstückelt haben«, überlegt Lukas laut. Der Gedanke lässt Max innerlich erschaudern. Angewidert schüttelt er sich.

»Wisst ihr was, wir fahren einfach zu der Stelle hin. Es sind nur ein paar hundert Meter bis zur Au. Kommt, folgt mir nach!«, ruft Anna aufgeregt.

Hurtig verlassen die vier den Waggon. Max, der als Letzter das Quartier der S-Bande verlässt, zieht die Holzschiebewand zu und verschließt den Waggon mit dem wuchtigen Vorhängeschloss der S-Bande.

Ihr Weg führt die Kinder über die Steyrbrücke, die die Orte Sierning und Aschach verbindet. Im Vorbeiradeln zählt Anna die schwimmenden Schwäne im Staubereich des Flusses unterhalb der Brücke. Sie kann sieben ausmachen, dann schweift ihr Blick hinüber zum Kraftwerk. Nach einem kurzen Anstieg biegen die Kinder in den Auweg ein und fahren in Windeseile zur Au hinauf. Im Wald angekommen, müssen sie aufpassen und den tiefen Schlaglöchern ausweichen. Max fährt ein paar Mal bewusst in eine Pfütze, um die neben und hinter ihm fahrenden Jungs anzuspritzen.

»Lass das, du Spinner!«, schreit Tobias, den ein Dreckspritzer quer über die Lippen erwischt hat. Angeekelt reibt er sich das Gesicht mit seinem Ärmel trocken.

»Stoppt, wir sind da!«, ruft Anna von hinten nach vorn, sie ist die Letzte in der Gruppe. Mit dem Höllentempo der

Burschen kann die Jüngste mit ihren dünnen Beinchen nicht mithalten. Lukas schleift zusammen und kommt direkt neben den schwarzen Säcken zu stehen. Sogleich meckert er: »Das sind ganz normale 240-Liter-Säcke, die haben wir auf unserem Bauernhof zuhauf. Möchte wissen, was du an denen verdächtig findest, Anna. Mal sehen, was sich darin befindet.«

Bevor der Junge dazu kommt, einen Sack genauer anzusehen, hören sie ein Auto langsam näher kommen. »Los, auf die Räder! Wir tun so, als würden wir durch den Wald fahren!«, gibt der Anführer der Falken eine kurze Instruktion. Sogleich schwingen sich die Kinder auf ihre Fahrräder. Äußerst langsam überholt sie ein alter Golf III. Im Inneren können die Kinder im Vorbeifahren ein junges Pärchen erkennen. »Ich glaube, die wollen bloß ein bisschen in den Wald fahren und knutschen«, meint Tobias ausgelassen. Luk biegt sich vor Lachen auf seinem Rad und wendet.

»Na, das haben wir ihnen versaut«, meint Max trocken. Wenig später stehen sie erneut bei den verdächtigen Kunststoffsäcken.

»Eins, zwei, drei, vier und fünf. Du hast doch gesagt, dass es nur vier sind«, meint Tobias. »Stimmt, es sind auch nur vier gewesen. Er muss noch einmal im Wald gewesen sein. Ich habe mir sogar sein Autokennzeichen gemerkt: 133 XY. Was fällt euch dazu ein?«, gibt Anna zur Antwort. Stille. In den Köpfen der Jungs ist nicht gleich eine Eselsbrücke zur Nummer gespeichert, deshalb fährt Anna fort: »133 ist die Rufnummer der Polizei. Jungs, ich sage euch, wir müssen den Fahrer anzeigen. Den Wald verschmutzen geht gar nicht. Ganz egal, was sich in den Säcken befindet, man darf keinen Müll in der Au abladen. Und jetzt komme ich zu den Buchstaben XY, die sind wirklich leicht zu merken. Ihr kennt doch alle die Sendung ›Aktenzeichen XY‹. Findet ihr diese Parallelen nicht sonderbar? Es muss sich hier einfach um ein Verbrechen handeln.«

»Na ja, Anna. Etwas weit hergeholt sind deine Annahmen schon. Aber zu ›Aktenzeichen XY‹ fällt mir gerade ein Fall ein, er liegt schon länger zurück und hat sich in Deutschland ereignet. Stellt euch vor, ein böser Mann entführt ein zehnjähriges, unschuldiges Mädchen und vergräbt es lebendig in einer Holzkiste in einem abgelegenen Waldstück. Die Kleine heißt Anna, sie hat keine Chance und erleidet einen qualvollen ...« Weiter kommt Lukas nicht, denn Anna fährt ihm fuchtig ins Wort: »Hör mit deinen Schauermärchen auf, du willst mich nur sekkieren, damit ich mich in Zukunft im Wald fürchte!«

»Okay, wenn du das Ende der Geschichte nicht hören willst, dann schaue ich jetzt nach, was sich in den Säcken befindet«, meint Luk böse lächelnd. Mit einem Haselnussstecken in der Hand nähert er sich vorsichtig dem größten Sack. Kräftig sticht er in die schwarze Folie und reißt sie etwas auseinander. Sein Freund Sebastian hält neugierig die Nase zu nahe hin und fährt angewidert zurück. »Uff, das stinkt!«, entfährt es ihm.

»Musst du deine Rotznase überall hineinstecken?«, schimpft Luk und stochert mit dem Stock im Schlitz herum. Beißend fauliger Geruch breitet sich in der Luft aus.

»Es ist ziemlich weich, ich würde sagen, das ist bloß alter Grasschnitt, der faulig geworden ist. Von wegen Blutlache, Anna, sieh nur, es läuft der vergammelte Grassaft aus dem Inneren heraus.«

Erst jetzt getraut sich die Zehnjährige näher an den geöffneten Müllsack heran. Den Anblick einer zerstückelten Leiche wollte sich das Mädchen auf jeden Fall ersparen. Nacheinander reißt Lukas jetzt die fünf Säcke auf und in jedem befindet sich das Gleiche, halb verfaultes Grünzeug.

»Warum schmeißt jemand seinen Grasschnitt samt Kunststofffolie in den Wald?«, will Max wissen.

»Wahrscheinlich ist er ihm faulig geworden. Um eine Straftat handelt es sich hier sicher nicht. Wisst ihr was, wir leeren die stinkende Brühe die Böschung hinunter und entsorgen dann die leeren Plastikfolien beim Feuerwehrdepot in Pichlern. Schließlich ist der Monat der Müllsammlung«, meint Tobias ziemlich vernünftig.

Nach getaner Arbeit klemmen die Buben die leeren Hüllen unter Annas Paketträger. Nur das Mädchen besitzt einen solchen auf seinem Rad.

»Eh klar, ich kann die scheußlich riechenden Fetzen transportieren«, faucht die Kleine, der es so gar nicht passt, dass sie die stinkende, tropfende Fuhr befördern muss.

»Sag, Anna, wo führt eigentlich die alte Straße hin?«, will Lukas wissen, er sieht dabei in die Weite.

»Hundert Meter weiter führt eine Rechtskurve hinauf zur Straße. Du weißt schon, sie endet oben bei der Kreuzung zum Kubawirt. Wenn man weiterfährt, wird die Straße immer schmaler und endet schließlich im Wald. Man gelangt dann nur mehr zu Fuß weiter, der Weg wird noch schmaler und verwachsener. Wenn ihr wollt, zeige ich euch das Ende der alten Straße. Wir befinden uns genau unterhalb der Bundesstraße. Sophie und ich haben heute Opa und Oma dort hinten im Wald bei der Holzarbeit geholfen. Das Grundstück führt sogar hinunter zur Steyr. Los kommt, es wird euch gefallen!«

Anna hält nun nichts mehr hier, sie radelt den Buben voraus. Ein bisschen ist die Kleine schon enttäuscht, dass sich in den vielversprechenden Müllsäcken nur fauliger Grasschnitt befunden hat. Sie zieht eine ziemliche Duftnote hinter sich her.

»Links, rechts! Links, rechts! Hinter Anna stinkt's recht!«, schreit Lukas nach vorn. »Halt's Maul, du Idiot!«, brüllt Anna zurück und reißt ihre zur Faust geballte linke Hand in die Höhe. »Seht ihr! Hier geht es hinauf zur

Straße«, erklärt das Mädchen und deutet mit ihrer Rechten die Kurve an.

Sie radeln tiefer in den Wald hinein. Jahrelang wurde entlang der Straße nichts mehr verändert. Immer mehr verwächst der alte Weg und der Wald erobert sich Meter zum Meter von der durch Menschen angelegten Straße zurück. Auf einmal stoppt Anna bei einer riesigen Betonwand. Sie wurde zur Absicherung der Bundesstraße errichtet.

»Stellt euch vor, genau hier haben Sophie und ich einmal eine ganze Kiste mit Lego-Spielzeug gefunden. Das ist bestimmt zwei Jahre her. Wir waren mit Opa spazieren. Er zeigt uns immer, wo der Rehbock an den Bäumen schert«, erzählt Anna den Buben. Interessiert blicken sie die Betonwand hinauf.

»Hier könnten wir uns einmal abseilen. Die Wand ist bestimmt über zwölf Meter hoch«, meint Lukas staunend.

»Aber ohne mich«, entfährt es kopfschüttelnd Sebastian. Der Junge hat immer öfter genug von den waghalsigen Unternehmungen seines Freundes. Fasziniert blickt er die glatte Betonwand empor, nie im Leben würde er sich hier abseilen. Das letzte Mal kletterten sie in der Nähe des Kraftwerks eine Schotterböschung hinauf und das Sicherungsseil war in Lukas' Händen gerissen. Tobias fiel fast drei Meter auf den harten Schotterboden. Gott sei Dank ging der Sturz mit ein paar Schrammen an seinen Beinen glimpflich, wenngleich schmerzhaft aus.

»Kommt, ein Stückchen können wir noch fahren, dann müssen wir die Räder stehen lassen und zu Fuß weitergehen«, erklärt Anna.

Nach wenigen Metern ist die Schotterstraße plötzlich zu Ende. Die Kinder lassen ihre Räder zurück und gehen zu Fuß durchs Dickicht. Anna möchte die Jungs unbedingt zur Steyr hinunterführen. Außerordentlich steil ist das Gelände hier.

»Seht ihr dort die Gräben?«, fragt Anna, »laut Opa stammen sie von den Franzosenkriegen um 1810! Anscheinend sieht man heute noch im Wald die alten Schützengräben und die Einschlagkrater von den Kanonenkugeln.«

Nun hat Anna erst recht Luks Aufmerksamkeit geweckt. Der Junge kennt das Franzosenkreuz in der nahen Umgebung, ein Gedenkmarterl, das Richtung Wallern steht. Jedes Kind lernt in der Schule, dass im Gebiet Sierning die Franzosen durchmarschierten und es hier zu Kämpfen kam. Unzählige Soldaten auf beiden Seiten mussten ihr Leben lassen. Zu ihren Ehren wurde von der Gemeinde ein Gedenkkreuz aufgestellt. Jedes Jahr pflanzt Annas Oma ehrenamtlich Blumen am Fuß des Kreuzes.

Beim Thema Krieg ist Luk nicht mehr zu stoppen. Geduckt läuft der Bub zwischen den Bäumen und Sträuchern herum und sieht in jedes Loch hinein. Neugierig verfolgen Tobias, Sebastian und Max sein Treiben.

»Sieht so aus, als hätten sie hier einen Versorgungsgang zur Steyr gegraben. Die brauchten im Krieg bestimmt sauberes Wasser. Ich muss mit Papas Metalldetektor wiederkommen, vielleicht finde ich alte Helme, Jackenknöpfe oder sogar ein Bajonett. Ihr wisst schon, das ist so eine Stichwaffe, die die Franzosen damals vorn auf ihren Gewehrläufen montiert hatten. Wenn sie keinen Schuss mehr gehabt haben, haben sie im Nahkampf damit zugestochen«, meint Lukas ganz aufgedreht.

»Wusstet ihr eigentlich, dass die Franzosen mit den Bajonetten häufig auch ihre Konservendosen öffneten, denn einen Dosenöffner gab es erst um 1870, immerhin sechzig Jahre später.«

»Du mit deinen Scheißkriegsfundstücken, sei doch froh, dass kein Krieg herrscht!«, fährt Tobias seinen Freund genervt an, er teilt dessen Interesse ganz und gar nicht.

So kommt es, dass Sebastian und Tobias vorauslaufen, die alten Schützengräben jucken auch sie kein bisschen. Die beiden eilen Richtung Steyrfluss, der Wald ist hier dicht verwachsen. Teilweise kommen sie nur sehr langsam voran. Immer wieder ducken sie sich unter Ästen durch. Das Plätschern des nahen Steyrwassers können sie schon die Böschung herauf hören.

Plötzlich macht Tobias, der vorangeht, eine überraschende Entdeckung. Vor ein paar Jahren ist anscheinend ein Hang Richtung Fluss abgerutscht. Gott sei Dank ist das Erdreich zum Erliegen gekommen und eine circa drei Meter breite Vertiefung ist entstanden. Bäume haben ein weiteres Abrutschen der Erd- und Geröllmassen verhindert.

»Sieh mal, Sebastian!«, ruft auf einmal Tobias, der etwas Gewaltiges entdeckte. Fasziniert begutachten die Buben die Stelle im Wald. Dabei vergessen sie rund um sich die Zeit und hören gar nicht, dass die anderen bereits verzweifelt nach ihnen schreien.

»Das gibt es nicht, die waren doch eben noch da!«, ruft Lukas nervös, dabei fuchtelt er theatralisch mit einem Stecken in der Hand herum.

»Vielleicht haben sie sich verlaufen«, wirft Anna ein. Sie hat die beiden bestimmt seit einer halben Stunde nicht mehr gesehen.

»Umgedreht haben sie wohl kaum, dann wären sie an uns vorbeigekommen. Wisst ihr was, wir gehen noch ein Stückchen tiefer in den Wald hinein in Richtung Flussufer. Wahrscheinlich spielen sie unten am Wasser Steineplatteln«, meint nun Max.

In der Zwischenzeit begutachten Tobias und Sebastian die Fundstätte. Jemand hat hier ganze Arbeit geleistet, vor ihren Augen befindet sich ein Lager mitten im Wald. Unbekannte haben es in die Vertiefung zwischen dem

Hangrutsch hineingebaut. Die Ausmaße sind einfach gewaltig, das Lager misst ungefähr drei mal zehn Meter. Bestimmt hat der Erbauer es als illegale Wohnstätte genutzt. Oder gar als Räuberhöhle?

»Wow, sieh einmal, Tobias. Das müssen ein paar Hundert Schneestangen sein. Möchte wissen, wer hier haust«, gibt Sebastian von sich. Vorsichtig nähert sich der Junge dem Lagerplatz.

»Es sieht ziemlich verlassen aus. Trotzdem sollten wir äußerst vorsichtig sein. Wenn uns plötzlich ein Fremder überrascht, sitzen wir in der Falle. Der kennt sich hier bestimmt besser aus als wir. Wo sind eigentlich die anderen?«, überlegt Tobias, die Sache ist ihm nicht geheuer. Er wünscht sich Lukas herbei, schließlich ist er der mutige Draufgänger bei den Falken.

»Tobias, Sebastian, wo steckt ihr, verdammt noch einmal?«, dringt es plötzlich an ihre Ohren. Luks Stimme klingt unfreundlich und angespannt.

»Hier sind wir!«, schreit Sebastian in die Richtung, aus der die Stimme kam. Nach wenigen Augenblicken erreichen Max, Anna und Lukas die Stelle im Wald, an der vor Jahren der Hangrutsch passiert sein musste. Sogleich wettert Lukas los: »Warum läuft ihr Deppen einfach voraus? Wir suchen euch bestimmt schon eine halbe Stunde!«

Weder Tobias noch Sebastian geben ihm eine Antwort darauf, sie deuten mit einer Hand hinunter in die Vertiefung und senken dabei ihre Köpfe. Erst jetzt bemerkt auch ihr Freund den außergewöhnlichen Fund.

»Himmel, Arsch und Zwirn, was ist das?«, fragt Lukas erstaunt. Er hüpft sofort in den Graben hinab und kommt vor dem Lagereingang zu stehen. Das Fluchen hat er von seinem Vater, dem Löberbauern, bereits als Kleinkind gelernt.

»Ich sage euch, das ist bestimmt das Lager eines Obdachlosen oder eines gesuchten Verbrechers. Er hat die Schneestangen sicher oben entlang der Bundesstraße gestohlen. Pah, das sind viele! Es ist ein richtiges Haus mit Dach und Eingangstür, er hat es wie ein Blockhaus gebaut. Wahnsinn! Ich gehe hinein!«

Leicht lässt sich die dünne Holztür öffnen, daran ist kein Schloss befestigt. Sogleich verschwindet Lukas in der finsteren Behausung. Hinter ihm fällt die Tür fast lautlos zu. Da das Lager keine Fenster besitzt und schön langsam die Dämmerung einsetzt, kann der Junge kaum etwas erkennen. »Hat jemand von euch eine Taschenlampe dabei?«, will Luk wissen.

Im Schneestangenverschlag ist es stockdunkel. Der Erbauer hat ihn architektonisch perfekt errichtet und die Vertiefung im Erdrutsch rechts und links als natürliche Wände genutzt. Dicht hat er die Schneestangen gestapelt und mit Schnüren und Lianen aneinandergebunden. Aus drei Schneestangenschichten besteht das Dach der Behausung. Dazwischen liegen zwei Kunststoffplanen. So ist man im Inneren vor Regenwasser halbwegs geschützt.

Da keines der Kinder eine Taschenlampe mit sich führt, zieht Lukas sein Handy aus der Hosentasche. Viel zu schwach leuchtet das Display auf, das Licht reicht gerade einmal dazu aus, dass er eine einfache Schlafstätte in der Hütte erkennen kann. Sogar ein Poster mit einer leicht bekleideten, hübschen Blondine im rosa Bikini hängt an der einfachen Holzwand.

»Sehr gemütlich«, stößt Lukas beim Anblick der jungen Schönheit verschmitzt lächelnd aus und geht rücklings aus dem Verschlag heraus. Dabei hätte er fast die Angel umgerannt, die innen neben der Tür lehnt.

Neugierig erwarten ihn seine Freunde. Sogleich löchern sie ihn mit Fragen. Leider hat Luk nicht viel erkennen können, deshalb schlägt er vor: »Wir treffen uns morgen um ein Uhr hier beim Hangrutsch. Sieh zu, Anna, dass auch Sophie und Paulina mitkommen. Wir müssen einen neuen Pakt eingehen. Juhu, endlich tut sich wieder etwas im Bandenleben!« Darauf klatschen die fünf ab und treten die Heimreise an.

Am Nachmittag ist die Zeit wie im Flug vergangen und schön langsam wird es im Wald immer dunkler, die Uhrzeiger stehen auf Viertel nach sechs Uhr am Abend. In der Au riecht es feucht nach Herbst. Einen kleinen Abstecher zum Feuerwehrdepot in Pichlern müssen die Kinder noch machen. Rasch entsorgt Anna die leeren, stinkenden Kunststoffsäcke in einem Container an der Müllsammelstelle.

Der Umweltpakt

Bereits um zehn nach zwölf Uhr macht sich die S-Bande auf zum Treffpunkt in der Au. Paulina, die sich bei der Jungschar in Aschach engagiert, kommt gerade noch rechtzeitig zum Haus der Schwestern, sie war heute für den Pfarrkaffee im Pfarrzentrum Martinshof eingeteilt. Dort treffen sich die Aschacher Kirchgänger nach der Sonntagsmesse auf ein gemütliches Frühstück, Jung und Alt tauschen sich aus. Vor allem die älteren Bürger, die nicht mehr so weit herumkommen, lieben das nette Beisammensitzen.

»Geschafft, es kann losgehen!«, jubelt Paulina. Natürlich weiß sie nicht, wo die Reise hinführen soll. Anna hat weder sie noch Sophie in die Pläne eingeweiht.

Gut gelaunt lassen die drei Mädchen und Max den Sonnenhang hinter sich und entfernen sich mit ihren Rädern immer weiter vom Aschacher Ortszentrum. Bei jeder Steigung fährt Paulina den anderen Mitgliedern der S-Bande davon, sogar Max lässt sie hinter sich. Sie genießt ihr E-Bike, das auch den anderen schon so manch guten Dienst vor allem bei der Feuerteufeljagd erwiesen hat.

»Sag, Anna, ist es noch weit?«, möchte Sophie wissen. Mit vollem Mittagsbauch radelt es sich schwer. Ziemlich erstaunt ist die große Schwester, als sie merkt, dass sie erneut Kurs auf die Pichlerner Au nehmen.

»Wahrscheinlich will sie den anderen die Müllsäcke zeigen«, grübelt Sophie nach. Umso mehr überrascht ist sie dann, als sie an der besagten Stelle vorbeiradeln und auch von den Säcken nichts mehr zu sehen ist. Stattdessen hat jemand Grasschnitt auf dem Waldboden verteilt. »Komisch«, murmelt das Mädel halblaut und konzentriert sich wieder darauf, mit den anderen Schritt halten zu können. Meistens ist die Zwölfjährige die Langsamste beim Radfahren.

Schließlich sind die vier am Ende der alten Straße angelangt. Sogleich erkennen sie die Räder der Falken, die verstreut auf dem Waldboden liegen. Zu Fuß folgen alle Max nach, der vorn das Kommando übernommen hat. Pünktlich um ein Uhr treffen sie beim abgerutschten Hang ein.

»Hallo zusammen. Gut, dass ihr endlich da seid!«, werden sie von Lukas ungeduldig empfangen. Der Bub ist derart aufgeregt, dass er ständig hin und her trippelt, er kann nicht ruhig stehen. Sein Tatendrang kennt keine Grenzen, er möchte endlich den gestern entdeckten geheimen Lagerplatz im Wald genauer inspizieren.

Noch bevor jemand offiziell Paulina und Sophie die Sachlage erklärt, hüpfen Max und Luk in die Vertiefung hinunter und öffnen die Brettertür.

Während die Jungs mit Taschenlampen bewaffnet das Innere in Augenschein nehmen, erklärt Anna den zwei Mädels die gestrigen Vorkommnisse in der Au. Nur durch Zufall sind sie auf den Bau aus gestohlenen Schneestangen gestoßen. Nervös und mit der Angst, von jemandem beobachtet zu werden, dreht sich Sophie immer wieder um und blickt zu den Bäumen rings um die Fundstelle. Ihr ist die Sache ganz und gar nicht geheuer. Durch die Bäume fallende Sonnenstrahlen erhellen das Waldgebiet. Die Böschung herauf kann man das Rauschen des Steyrflusses vernehmen.

»Los, ihr könnt alle hereinkommen, das müsst ihr euch selbst ansehen«, hören die Kinder Max rufen. Schleunigst klettern die umstehenden Kinder vorsichtig in die Grube und betreten die dunkle, modrig riechende Hütte. Sie besitzt nur einen länglichen Raum, er ist geschätzte dreißig Quadratmeter groß.

»Sebastian, spreize die Tür mit einem Holzpflock an, damit wir mehr sehen können«, befiehlt Luk seinem Freund. Langsam gewöhnen sich die Kinderaugen an den dunklen Innenraum. Im Lichtkegel der Taschenlampen erkennen sie einen Schlafplatz, der sich etwas erhöht im rechten hinteren Eck der Unterkunft befindet. Gleich links daneben steht ein einfacher Hocker aus einem abgeschnittenen Baumstumpf. Er könnte als Sessel oder Tisch benutzt werden. Neben dem einfachen Bett hängt das Poster mit der umwerfend aussehenden Blondine im zartrosa Bikini, quer in der unteren Ecke steht auf dem Plakat »Playmate Miss November 2022«.

Gegenüber hat sich jemand eine Art Anrichte zum Kochen gebaut. Ein funktionstüchtiger Gasbrenner samt Kochaufsatz steht auf dem Holzbrett. Luk dreht am kleinen Metallrad, man hört das leise Zischen des ausströmenden Gases. Augenblicklich dreht der Bub es wieder ab, denn mit Gas ist nicht zu spaßen.

Neben dem Gaskocher stapelt sich abgewaschenes Kochgeschirr. An der Wand darüber befinden sich an Holznägeln aufgehängte Häferl und verschiedenes Besteck. Sogar Gläser stehen umgedreht in der einfachen Küchennische.

Noch mehr sind die Kinder von dem kleinen rostigen Bummerlofen in der Mitte des geheimen Waldverschlags fasziniert. Von außen haben sie kein Ofenrohr ausmachen können. Der Erbauer hat es geschickt in der rechten Wand eingebaut. Da an die Außenmauern die Erde wie ein Wall angrenzt, hat der Unbekannte das Eisenrohr in den abgerutschten Hang gegraben. Man sieht es nur, wenn man auf der steilen Böschung unterhalb des Erdrutsches steht und hinaufsieht.

Maximilian durchstöbert die Küchenutensilien und wird fündig. Alte Zeitungen liegen als Schutz auf der Anrichte. Er liest das Datum laut vor: »20. September 2022. Ich sage euch, das ist der Winterunterschlupf eines ziemlich ordentlichen Obdachlosen. Hier liegen weder Müll noch leere Wein- oder Bierflaschen herum. Ich tippe auf einen einzelnen Mann, eine Frau würde sich wohl kein Playmate-Poster an die Wand hängen. Wahrscheinlich hat er den letzten Winter hier verbracht. Das Datum auf dem Poster und das auf der Zeitung lassen darauf schließen, dass er zwischen September und November eingezogen und nach dem Winter weitergezogen ist. Die Unterkunft sieht derzeit verlassen aus.«

»Du könntest mit deinen Vermutungen aber auch völlig falschliegen, Max«, wendet Anna ein. Sie hat sich eine andere Theorie zusammengereimt und legt los: »Es könnte sich durchaus um einen Verbrecher auf der Flucht handeln. Für einen Obdachlosen ist es hier viel zu ordentlich. Seht nur, sogar das Bett ist gemacht und das Geschirr ist sauber. Vorm Ofen hat er außerdem noch Holz gestapelt, es sieht so aus, als könnte der Erbauer jederzeit wieder einziehen. Den Campingkocher samt Ersatzkartusche hätte er bestimmt auch mitgenommen, wenn er endgültig das Quartier verlassen hätte. Ich weiß nicht so recht. Sogar volle Zündholzschachteln liegen vor dem Ofen. So ein Modell habe ich übrigens noch nie gesehen, sieht uralt aus. Richtig cooles Teil! Den möchte ich unbedingt einmal anheizen.«

»Anna hat recht, richtig verlassen sieht das Lager nicht aus. Vielleicht ist er auf Beutezug gegangen und kehrt wieder zurück, oder er sitzt derzeit im Gefängnis. Seht einmal, unter dem Bett lagern in Kisten sogar volle Konservendosen«, gibt Lukas zu bedenken. »Es muss lange gedauert haben, das Lager zu bauen. Hunderte Holzstangen entlang der Bundesstraße zu stehlen und sie hier herunterzuschleppen ist kein Honiglecken. Im September kann er nicht eingezogen sein, da stehen noch keine Schneestangen, und so verwildert sehen die nicht aus, dass sie mehrere Jahre alt wären. Da hat sich jemand richtig Mühe gegeben. Aber warum, das ist die Frage«, sagt Lukas nachdenklich.

Beim Gedanken, dass der Erbauer jederzeit zurückkehren könnte, steigt in Sophie ein mulmiges Gefühl in der Magengegend auf, nervös gibt sie von sich: »Wir haben nun alles gesehen. Kommt, lasst uns verschwinden, bevor er zurückkommt. Wer weiß, vielleicht ist er bewaffnet.«

»Du Angsthase, warum sollte er genau jetzt kommen! Ich schieße noch ein paar Fotos mit meinem Handy. Vielleicht haben wir Hinweise übersehen. Die Falken werden in der nächsten Zeit beobachten, ob der mysteriöse Unbekannte sein Winterlager wieder bezieht. Ich bin schon sehr gespannt darauf«, erklärt Luk sein Vorhaben für die nächsten Wochen.

Der Winter lässt nicht mehr lange auf sich warten und die Nächte werden immer kälter. Für einen Menschen ohne Dach über dem Kopf wäre der beheizbare Unterschlupf im Wald eine gute Alternative zur eiskalten Straße. Nachdem sie die Brettertür wieder verschlossen haben, krabbeln die Kinder aus der Vertiefung heraus. Plötzlich vernehmen sie ein fremdartiges Knacksgeräusch. Wie angewurzelt bleiben alle stehen und stieren in die Ferne.

»Kommt jetzt der Unbekannte zurück?«, schießt es Tobias durch den Kopf. Sein Puls rast und sein Atem stockt. Sein Blick schweift hin und her, doch so wie die anderen kann er nichts Verdächtiges im Wald ausnehmen. Urplötzlich hüpft eine Amsel aus dem Dickicht und erschreckt die Kinder. »Ah!«, stößt Paulina aus und hakt sich Schutz suchend bei ihrer Freundin Sophie unter. Erleichtert rühren sich die Jungs und Mädels wieder. Nach Hause wollen sie allesamt noch nicht gehen, der Nachmittag ist erst angebrochen.

»So, was wollen wir jetzt unternehmen?«, fragt Anna in die Runde. Die Kleine macht auch gleich selbst einen Vorschlag: »Auch wenn es Luk nicht so in den Kram passt, aber ich würde in den nächsten Wochen gerne Jagd auf Umweltverschmutzer in der Gegend machen. Ihr wisst, unsere Umwelt geht uns alle etwas an.« Und sie fährt fort: »Ich würde mich mit der S-Bande gern an die Fersen des Müllsackmanns heften. Obwohl in den Säcken nur Grasschnitt war, darf man den nicht einfach in der Natur entsorgen. Opa hat mir gestern noch eine Stelle im Wald gezeigt, wo immer wieder Unrat abgeladen wird. Stellt euch vor, der Besitzer muss dann die Kosten für die Entsorgung übernehmen. Das kann durchaus teuer werden, wenn Fernseher und Kühlgeräte dabei sind. So eine Frechheit!«

Der Kleinen liegt noch etwas auf dem Herzen: »Lukas, du hast mir doch erzählt, dass in der Nähe der Brücke ein gewisser Hans wie ein Messie wohnt. Warum klopft ihr dem nicht einmal auf die Finger. Ich würde so gern Umweltsheriff spielen.« Und an die anderen gerichtet: »Was meint ihr?«

Nacheinander sehen sich die Kinder an. Die Falken versammeln sich etwas abseits der S-Bande und besprechen den Vorschlag in ihrer Clique. Auch die Kinder der S-Bande beraten sich. Schließlich fängt Luk an: »Okay, Anna. Wir werden zu Umweltsheriffs! Ihr dürft ab jetzt Robin Wood zu mir sagen, ich bin nun der Beschützer des Waldes und der Natur.«

»Ich lache mich gleich kaputt, Robin Wood. Etwas Blöderes ist dir nicht eingefallen? Er nennt sich Robin Wood, Sohn des hochwohlgeborenen Löberbauern von und zu Aschach an der Steyr. Herr über zwei Joch Wald«, spöttelt

Anna darauflos und macht eine Anspielung, dass Luks Vater nur ein bescheidener Waldbesitzer ist.

Wild baut sich Lukas vor dem Mädchen auf: »Halt du doch dein vorlautes Maul! Deine Eltern haben gar nur ein Joch und bilden sich darauf auch noch etwas ein! Typisch Häuselleute! Genug jetzt! Lasst uns einen Umweltpakt schließen. Schwört, die Umweltsünder aus der Gemeinde an den öffentlichen Pranger zu stellen. Wir wollen sie nicht nur überführen, wir wollen sie vorführen. Die Dorfbevölkerung soll ihre Gesichter und Namen kennen. In Zukunft wird es sich jeder zweimal überlegen, ob er den Boden unter seinen Füßen verschmutzt.«

Lukas fordert die Bandenmitglieder auf, ihm nachzusprechen: »Wir schwören beim Leben des heiligen Franz von Assisi, dem Schutzpatron der Tiere, der Natur und der Umwelt, dass wir, die Falken und die S-Bande, jeden dingfest machen, der sich nicht an die Umweltgesetze hält.«

Eifrig sprechen alle den Schwur laut nach, dabei stehen sie in einem Kreis beisammen und halten die Hände übereinander: »Wir schwören beim Leben des heiligen Franz von Assisi, dem Schutzpatron der Tiere, der Natur und der Umwelt, dass wir, die Falken und die S-Bande, jeden dingfest machen, der sich nicht an die Umweltgesetze hält.«

»Los, die Jagd auf die Umweltsünder kann beginnen! Tobias und Sebastian, wir treffen uns dann zur Bespre-

chung im Falkenhorst. Wer die meisten Täter überführen kann, hat gewonnen! Einen Wetteinsatz brauchen wir keinen, es geht um die Ehre«, heizt Luk den Wettkampf zwischen den zwei Banden wieder einmal an. Max steigt gleich darauf ein und meint: »Wir treffen uns beim Waggon. Eine Menge Arbeit wartet auf uns.«

Voller Tatendrang verlassen die Kinder die Au und fahren zu den vereinbarten Treffpunkten.

Zuerst erreichen die vier der S-Bande ihren Waggon auf dem alten Bahnhofsgelände der Steyrtalbahn. Wie immer ist es ruhig rund um ihr Quartier und die Kinder können völlig ungestört ihre weitere Vorgehensweise besprechen. Weil die Sonne vom Himmel strahlt, lassen sie die Schiebetür komplett offen. Max und Anna sitzen halb heraußen und lassen jeweils ein Bein aus dem Waggon baumeln. Sophie und Paulina kuscheln sich gemütlich im Inneren zusammen.

»So, erzählt einmal, ihr beiden Schlaumeier. Wie wollen wir vorgehen? Jagd auf Umweltverschmutzer klingt nach viel Arbeit«, gibt Paulina das Wort an Anna und Max. Etwas ratlos sehen sich die beiden an, so richtig hat noch keiner einen Plan.

»Ich schlage vor, dass wir mit dem unheimlichen Typen von gestern Vormittag beginnen. Vielleicht kennt einer das auffällige Autokennzeichen. Möglich wäre auch, dass jemand den Ohrring in Ankerform oder die eidechsenähnliche Tätowierung am Hals schon einmal gesehen hat«, beginnt Anna.

Max fällt ihr sogleich ins Wort und meint: »Bedenkt, der Vorfall ist in Pichlern passiert, gut möglich, dass es sich um einen Sierninger handelt. Natürlich könnte er aber auch aus Aschach, Grünburg, Steinbach oder Waldneukirchen hergefahren sein. Am besten wird sein, wenn wir uns in Geschäften und Wirtshäusern umhören. Friseure sind auch ein guter Tipp, die betrachten den Kopf ihrer Kunden ziemlich genau, die würden sich bestimmt an die auffällige Tätowierung erinnern.«

»Okay, verstanden, so machen wir es. Am besten wird sein, wenn wir uns in Zweierteams aufteilen. Paulina und ich klappern heute noch sämtliche Wirtshäuer und Tankstellen mit Bar in Neuzeug und Aschach ab. Geschäfte haben heute am Sonntag leider keine offen. Ihr fährt nach Sierning ins Ortszentrum, dort könnt ihr auch Passanten fragen«, gibt Sophie von sich.

Vor der Dämmerung bleiben den Kindern bloß drei Stunden Zeit. Da morgen ein ganz normaler Schultag folgt, müssen sie spätestens um halb sieben Uhr daheim sein, ansonsten droht Ärger mit den Müttern.

Bald stellt sich heraus, dass Sophie und Paulina wohl ohne brauchbares Ergebnis nach Hause zurückkehren werden. Keiner der Befragten kennt den Unbekannten aus der Au.

Nicht viel besser ergeht es Max und Anna in Sierning. Nur eine Tankstelle hat mitten im Ort entlang der Neustraße offen, und dort kennt man den besagten Mann auch nicht. Der Tankwart sieht Anna ablehnend an. Sie hat das Gefühl, als ob ihr Gegenüber nicht ganz ehrlich bei seiner Antwort ist. »Einen Gecko am Hals, schwarze Kappe, Ohrring, schlank, schwarzer Kombi, tut mir leid, den habe ich noch nie gesehen. Bei uns ist er kein Kunde. Warum sucht ihr ihn denn?«, will der etwa Fünfzigjährige argwöhnisch wissen. Dabei sieht er die Kinder mit seinen leuchtenden grauen Augen durchdringend an und geht bedrohlich einen Schritt näher an sie heran. Anna spürt seinen warmen, nach Nikotin stinkenden Atem unangenehm auf ihrer Gesichtshaut. Instinktiv hält die Kleine den Atem an.

»Wissen Sie, er hat eine Radkappe in Opas Wald verloren, die wollten wir ihm wiedergeben, sie sieht teuer aus. Auf der Schotterstraße hat sie sich vom Rad gelöst, bei den riesigen Schlaglöchern auch kein Wunder«, lügt Anna wie gedruckt und weicht einen Schritt zurück. Ihre Feinmädchennase hält den Mundgeruch ihres Gegenübers nicht aus. Angewidert starrt sie genau auf die schlechten, gelb verfärbten Zähne des Tankstellenwarts, die eine und die andere schwarze Lücke im Gebiss kann sie obendrein erkennen. Eine bessere Ausrede war ihr in der Kürze nicht eingefallen.

Zufrieden mit der Antwort wendet der Tankwart seinen Blick von den Kindern ab. Soeben fährt neue Kundschaft an der Zapfsäule ein. Schleunigst verlassen Max und Anna die Tankstelle.

»Ich glaube, der war nicht ganz offen zu uns«, stellt Max fest. »Das Gefühl habe ich auch, los, fahren wir nach Hause. Pfui Teufel, der hatte Mundgeruch! Sein nächster Zahnarztbesuch wird bestimmt sauteuer!«, antwortet Anna. Hurtig entfernen sie sich vom Sierninger Ortszentrum.

Kurz vor dem Kreisverkehr hat Max eine blendende Idee. »Anna, fahr zum Parkplatz der Polizei!«, ruft der Junge zu seiner Freundin nach hinten. Irritiert biegt Anna im Kreisverkehr links ab und grübelt: »Was will er bloß bei der Polizei?«

POLIZE

»Vertraue mir, überlasse das Reden mir«, meint Max. Der Bub stellt rasch sein Fahrrad im Fahrradständer ab und öffnet die Tür zum Polizeihauptgebäude. Schweigend folgt ihm die Zehnjährige. Eine Treppe führt ins erste Obergeschoß.

Das Türportal ist verschlossen, rechts daneben befindet sich eine riesige Glasfront. Im Inneren erkennen die Kinder zwei uniformierte Polizisten mittleren Alters, die an ihren Schreibtischen sitzen und konzentriert Berichte tippen. Rechts neben der Tür befindet sich ein runder Klingelknopf. Max drückt selbstsicher. Umgehend blickt einer der Beamten auf, zieht seine linke Augenbraue hoch und kommt zum Fenster geeilt. Über Lautsprecher hören die Kinder ihn: »Wie kann ich euch helfen?«

Max antwortet: »Wir möchten eine Anzeige aufgeben.« Verdutzt blickt der Polizist Max in die Augen, dann ertönt ein Summton und die beiden Kinder können die Milchglastür öffnen. Verunsichert betritt Anna, nichts ahnend, was nun kommen würde, hinter Max das Präsidium. Freundlich begrüßen die beiden die Amtspersonen. Jetzt gesellt sich auch der zweite Ordnungshüter dazu, sein Bericht kann warten.

»Wen wollt ihr denn anzeigen? Und vor allem wegen welches Vergehens?«, fragt der Ältere geduldig.

»Einen Autorowdy. Es ist doch strafbar, Herr Polizist, wenn man wissentlich zu schnell in eine Pfütze fährt und bewusst Fußgänger anspritzt und deren Bekleidung verschmutzt? Habe ich recht?«, fragt Max.

»Ja, das ist strafbar. Wo ist es denn passiert? Habt ihr euch das Kennzeichen gemerkt? Schmutzig seht ihr aber nicht aus und die letzten zwei Tage hat es keine Niederschläge gegeben«, antwortet der Polizist spitzfindig. Dabei mustert er Anna und Max misstrauisch, seine Blicke schweifen von oben nach unten. Kurze Stille.

»Wissen Sie, es ist gestern meiner Freundin und ihrer Schwester in der Pichlerner Au passiert. Die Schotterstraße ist arg beisammen und in den Schlaglöchern stehen Wasserpfützen. Anna, erzähl doch dem Herrn Inspektor, wie alles passiert ist«, gibt Max das Wort an Anna weiter.

»Ich glaube, der Mann hat uns einfach übersehen. Meine Schwester und ich sind pitschnass geworden, so rücksichtslos ist er an uns vorbeigerast. Wir haben über ein altes Geländer in Sicherheit springen müssen. Das Auto und den Fahrer kann ich Ihnen genau beschreiben: schwarzer Kombi, keine Zierkappen, schwarz gekleidet, Eidechsen-Tattoo am Hals, Ankerohrring, Kennzeichen 133 XY.«

»Na, das nenn ich einmal eine genaue Beschreibung. Du solltest später zur Polizei gehen, Mädel. Ihr habt Glück, Kinder, natürlich kennen wir den Rowdy aus Sierninghofen. Toni ist bei uns aktenkundig. Es gibt nichts, was der Lümmel noch nicht angestellt hätte. Um eine Anzeige zu machen, müsst ihr mit euren Eltern wiederkommen, da ihr noch minderjährig seid. Ich mache mir aber gleich eine kurze Notiz zum Vorfall. Ich bräuchte eure Namen.«

»Wissen Sie, Herr Polizist, wir kommen mit unseren Eltern wieder. Danke für die Auskunft. Komm, Anna, wir müssen heimfahren!«, hat es Max plötzlich eilig. Er will auf keinen Fall seinen Namen am Posten hinterlassen.

Obwohl sie keinen Nachnamen erhalten haben, sind die Kinder zufrieden mit ihrem Ermittlungsergebnis. Eine halbe Stunde später kehren die beiden nach Aschach heim.

Am Abend liegen die Kinder in ihren Betten und schreiben sich Mitteilungen aufs Handy. Sie vereinbaren, dass sie sich morgen nach der Schule gegen halb drei Uhr bei Max' Elternhaus treffen.

Auch die Falken sind am Sonntagnachmittag nicht untätig geblieben. Wild entschlossen, mehr Umweltsünder als die S-Bande aufzuspüren, machen sie sich zuerst nützliche Notizen im Falkenhorst. Lukas geht die Sache gern überlegt an. Ihr erster Kandidat auf der Liste ist der grobe Hans. Mit ihm hat der Junge noch eine Rechnung offen. Bei einer seiner letzten Begegnungen mit dem Kraftlackel musste Luk vor Hans in ein Meer aus Brennnesseln flüchten. Das schmerzliche Erlebnis vergisst der Anführer nimmermehr. Zu gern würde er sich in naher Zukunft bei dem Einzelgänger rächen.

Auch Sebastian und Tobias schreiben wichtige Namen auf die Liste der verdächtigen Umweltsünder. Tobi weiß von seinem Vater, dass jemand erst kürzlich im Fichtenwald gleich unterhalb des Sonnenhangs einen ganzen Müllberg entsorgt hat. Der oder die Täter sind unbekannt. Diese Stelle im Wald wollen sich die Jungs bald genauer ansehen.

Natürlich sind den Buben auch die Jugendlichen ein Dorn im Auge, die an Wochenenden gern am Strand der Steyr Saufgelage feiern und häufig zerbrochene Flaschen, Kunststoffverpackungen und Zigarettenkippen hinterlassen. Oftmals kommen sie von außerhalb des Ortes aus der vier Kilometer entfernten Stadt Steyr oder aus den umliegenden Dörfern, ihnen wollen die Falken den Kampf ansagen.

»Die Jagd nach den Umweltsündern hat begonnen! Robin Wood und seine Mannen begeben sich auf die Jagd!«, ruft Lukas im Falkenhorst. Zustimmend klatschen Tobias und Sebastian mit dem Anführer ab.

Der grobe Hans

Vorsichtig schleichen sich die Falken näher an das kleine, baufällige Haus am Steyrufer heran. Durch frühere Beobachtungen kennen sie bereits aus der Ferne jeden Winkel im unordentlichen Garten von Hans. Die laut tosende Wehranlage ist deutlich zu vernehmen, so müssen sich die Jungs keine Gedanken darüber machen, gleich gehört oder entdeckt zu werden.

Kniehoch steht das Gras auf dem Grundstück. Überall liegt Unrat in der Wiese. Blechtonnen voll Eisenschrott verrosten seit Jahren stetig vor sich hin. Zusammengeräumt hat der grobe Hans, wie ihn die Falken nennen, den ganzen Sommer über nie. Gemäht dürfte er schon lange nicht mehr haben, so hoch wie das Futter überall steht.

»Der Saustall ist noch mehr geworden«, meint Luk angewidert, »wir müssen ihm eine Lektion erteilen.« Tobias und Sebastian, die in unmittelbarer Nähe im hohen Gras kauern, nicken zustimmend. Leider können sie nicht erkennen, ob Hans zu Hause ist. Aus dem Werkstättennebengebäude dringt kein Geräusch und auch drüben beim Haus ist alles ruhig.

»Tobias, hast du deine Kamera mit?«, fragt Luk. »Ja, ich kann gleich ein paar Beweisaufnahmen machen. Gebt mir Rückendeckung. Wenn ihr Hans bemerkt, dann pfeift bitte dreimal laut«, verlangt Tobias. Sogleich schleicht er sich auf das Grundstück. Gebückt läuft er hinüber zum Nebengebäude und schießt die ersten Fotos vom abgelagerten Müll.

Von der Weite konnte der Junge nicht erkennen, dass gleich neben der Eingangstür zur Werkstatt den Hang hinunter zur Steyr unzählige alte Autoreifen im Gras lagern. Hans hat sie einfach kreuz und quer in der Wiese verstreut.

Foto um Foto schießt Tobias. Was die Buben mit den Aufnahmen machen wollen, steht noch völlig in den Sternen.

Nach den Gummireifen sind die verrosteten Blechtonnen an der Reihe. Tobias öffnet die erste, sie steht in unmittelbarer Nähe zum Haus. Vorsichtig hebt der Bub den

Eisendeckel an. Er will ihn ein Stückchen zur Seite rücken, damit er den Inhalt fotografieren kann.

Ganz vertieft in seine Aufgabe hört Tobias viel zu spät erst das dritte Pfeifen von Lukas.

Nicht weit entfernt hat der grobe Hans vor wenigen Augenblicken den Garten über die Terrassentür betreten. Auf seiner rechten Schulter trägt der Herkules seine schwarze Miezekatze. In seiner Linken hält er ein großes

Kaffeehäferl. Schlürfend saugt er den Kaffee ein. Gott sei Dank sieht er nicht zu Tobias hinüber.

Der Bub steht wie angewurzelt etwa fünfzehn Meter weit entfernt mit dem Blechdeckel in der Hand mitten auf dem fremden Grundstück da.

»Shit, das geht bestimmt nicht gut aus! Wir müssen ihm zu Hilfe kommen«, bangt Sebastian um seinen Freund.

»Ganz ruhig, vielleicht hat er Glück und Hans verschwindet wieder im Haus«, meint Luk abwartend.

Doch mit der Ruhe ist es augenblicklich vorbei. In seiner Not lässt Tobias den Deckel fallen und ein lautes Metallgeräusch erfüllt den Garten.

Hans verschluckt sich vor Schreck am Kaffee und lässt sofort die Katze ins Gras gleiten. Hustend schweift sein Blick nach rechts und er erkennt den feindlichen Eindringling.

Mit Riesenschritten hetzt er dem in Panik flüchtenden Jungen nach, dabei schimpft er lautstark: »Verflucht noch einmal, hat man in seinem eigenen Garten keine Ruhe vor Dieben! Bleib stehen, du Lümmel! Gleich habe ich dich, du unverschämter Rotzlöffel! Dich kenne ich doch! Halt! Zum Donnerwetter noch einmal!«

Tobias' Vorsprung wird immer kleiner. Er muss höllisch aufpassen, nicht ständig auf Müll zu treten und hinzufallen. Die teure Kamera seines Vaters umklammert der Bub verzweifelt, ihr darf auf keinen Fall etwas pas-

sieren. Tobias hat sie ungefragt aus dem Büro zu Hause entwendet.

Wie ein Hoppelhase auf der Flucht vor einem Fuchs hüpft Tobi im Zickzackkurs über die Wiese. Dicht hinter ihm nach der schwerfällige Hans.

Tobias hat Glück im Unglück, Hans trägt Holzpantoffel, und es ist ein schwieriges Unterfangen, damit im kniehohen Gras zu laufen. Immer wieder verliert der Kraftlackel fast sein Schuhwerk. Selbst das Spreizen der Zehen hilft da gar nichts, zu sehr rutschen die unbequemen Latschen der Größe 48 im überlangen Grün hin und her.

»Verdammter Mist, gleich hat er ihn!«, brüllt Sebastian los.

Lukas reagiert geistesgegenwärtig. Er schnappt sich ein paar Fischblechdosen, die im Gras herumliegen, und feuert sie in Richtung Hans ab, dabei brüllt er: »Im Namen Robin Woods, lass von dem Jungen ab, du Umweltverschmutzer der Sonderklasse!«

Abgelenkt von dem Schießmanöver nimmt der wütende Hans nun Kurs auf Lukas und Sebastian. Tobias stolpert die letzten Meter bis zur Grundgrenze und verschwindet mit einem Hechtsprung über eine hüfthohe Hecke hinunter zum Steyrstrand. Total außer Atem lässt er sich auf den Kalksteinen nieder und verschnauft erst einmal. Nun haben seine beiden Freunde den groben Hans auf den Fersen.

Natürlich kann sich Hans sofort an die Jungen erinnern, ihre letzte Begegnung war erst vor ein paar Wochen. Damals glaubten die Falken, dass er der Hauptverdächtige bei den Brandfällen wäre.

Jetzt schmeißt Luk mit allem, was er auf dem Boden zu greifen bekommt, wild um sich. Zerbrochene Keramikteller, Bierflaschen mit abgebrochenen Hälsen und allerlei Eisenschrott fliegen Richtung Hans. Der bleibt plötzlich

stehen und verteidigt sich seinerseits mit herumliegendem Müll, den er kurzerhand auch zu Wurfgeschoßen umfunktioniert.

So kommt es, dass sich Sebastian, Lukas und der große Hans in einem Abstand von circa fünfzehn Metern gegenüberstehen und wie bei einem Stellungskampf im Napoleonischen Krieg beschießen.

Die jungen Burschen haben einen Vorteil, sie sind wesentlich gelenkiger als der maskuline Hans. Geschickt weichen sie den gefährlichen, kantigen Geschoßen aus.

Natürlich aber ist der Mann immens stärker als sie. Sebastian hat es bei einem Treffer mit einem Holzstecken durch die gewaltige Wucht fast ausgehoben.

»Was wollt ihr schon wieder von mir, ihr kleinen Biester?«, schreit Hans herüber, während er sich erneut um Wurfgeschoße bückt.

»Befreie dein Grundstück endlich vom Müll! Du verschmutzt unser Grundwasser, du Scheusal! Hör lieber auf Robin Wood, sonst wird dir Schlimmes passieren!«, schreit Lukas ärgerlich zurück.

In diesem Moment greift der grobe Hans unachtsam nach einer halb offenen, verrosteten Fischblechdose. Er schneidet sich den rechten Daumen mit dem dünnwandigen Blech auf, die Dose lässt er zu Boden fallen.

»Ah!«, entfährt es ihm. Sogleich blickt Hans auf seinen Daumen. Dieser verfärbt sich in wenigen Sekunden rot. Eine mehrere Zentimeter lange Wunde klafft weit auseinander. Blut tröpfelt auf den Wiesenboden. Vor Schmerz hält sich Hans den Daumen mit der linken Hand, an Kampf ist jetzt nicht mehr zu denken.

Lukas und Sebastian nützen die Lage aus und türmen Hals über Kopf vom Grundstück. Zurück lassen sie den derb fluchenden Verletzten: »Herrschaftszeiten noch einmal! Ich blute wie eine Sau!«

Außer Atem stolpern die Buben die letzten Meter über den Schotterstrand zu Tobias. Gleich neben ihm lassen sie sich auf den runden Kalksteinen nieder. »Uff, das war knapp, fast hätte er uns erwischt«, meint Sebastian erleichtert.

»Hast du gesehen? Er hat sich arg an einer Dose geschnitten. Geschieht ihm ganz recht. Das Glück ist auf unserer Seite gewesen, schließlich sind wir die Guten und nicht er«, erwidert Lukas stolz und streckt seine geballte Faust in die Höhe. Schon lange haben die Falken keinen solchen Nervenkitzel mehr erlebt. Es war genau nach Lukas' Geschmack gelaufen.

»Ich habe tolle Fotos geschossen, die können wir gegen ihn verwenden«, mischt sich nun Tobias ein. In der Zwischenzeit hat er sich die Aufnahmen auf der Kamera angesehen. Was sie damit machen werden, wissen die Jungs noch nicht. Vorerst haben sie genug Aktion erlebt.

Luk schildert natürlich Tobias noch bis ins letzte Detail die Geschehnisse aus dem Stellungskampf mit Hans. Tobi ist ehrlich gesagt froh, dass er vorher entkommen ist.

Danach kehren die drei Jungs zum Hof des Löberbauern zurück und spielen nach dem Schrecken erst einmal eine Runde Fußball.

Während des späten Sonntagnachmittags ist auch die S-Bande immer noch aktiv und hoch motiviert. Da ihr Geheimquartier so weit weg von ihrer Wohnsiedlung steht und sie keine Zeit vergeuden möchten, treffen sie sich bei Max daheim. Zuerst berichten sich die Kinder gegenseitig von ihren Ermittlungsergebnissen. Paulina meint knapp: »In Neuzeug haben wir absolut nichts herausgefunden.«

Dann sind Max und Anna an der Reihe. Ihre Augen leuchten aufgeregt und Max erzählt von ihrem Besuch im Polizeiwachzimmer in Sierning. Natürlich darf in seiner Erzählung der verdächtige Tankwart nicht fehlen. Sie sind sich einig, dass sie heute eine Menge geschafft haben.

Da alle erst gegen halb sieben Uhr daheim sein müssen, wollen sie mit ihrer Jagd auf die Umweltverschmutzer fortfahren. In Max' Jugendzimmer machen es sich die vier bequem. Sophie, Paulina und Anna lümmeln in seinem Bett und Max sitzt auf dem apfelgrünen Schreibtischsessel, der sich drehen lässt. Sein Laptop läuft und auf dem Bildschirm ist die Landkarte von Aschach in der Satellitenansicht eingeblendet.

»Wow, so viel Wald gehört zum Gemeindegebiet«, staunt Paulina, die auf die großen, dunkelgrün eingefärbten Flächen schaut. »Ja, und überall liegt Müll in Hülle und Fülle herum. Ich schlage vor, wir gehen zuerst der Spur von eurem Opa nach. Ihr habt doch gestern von einer Stelle in der Au erzählt, auf der ein ganzer Berg abgeladen wurde. Wo genau ist das?«, will Max wissen.

Anna hüpft vom weichen Bett hoch und geht näher an den Bildschirm heran. Geschickt stellt sie den Zoom ein und sucht auf der Computeransicht. Dann erwidert sie: »Hier müsste es sein, Opa hat gesagt, dass es am Aschacher Steyrufer ist. Seht, dort führt die Straße zur Brandstettermühle und knapp davor ist die kleine Brücke zu sehen. Ein Bächlein fließt hier in den Fluss hinein. Anscheinend hat jemand im Unterholz nahe dem Ufer Müll abgeladen. Ihr kennt die Stelle, wir waren x-mal in diesem Sommer dort, wo wir immer mit unseren Luftmatratzen zum Wasser hinuntergehen.«

»Okay, lasst uns hinfahren. Unsere Handys haben wir mit. Ich nehme noch schnell ein paar Säcke zum Müllsammeln mit«, schlägt Max vor. Er hält es im Zimmer keineswegs mehr aus, immer wieder muss er an Luks Worte denken. Schließlich stehen die Kinder in Konkurrenz mit den Falken. Wer mehr Umweltsünder dingfest machen kann, gewinnt. Es geht ausschließlich um die Ehre der S-Bande, einen Wetteinsatz gibt es diesmal keinen.

Heute fahren die Kinder nicht die Strecke, die über den Bahnberg und vorbei an ihrem Güterwaggon führt, sondern jene über das Zentrum von Aschach an der Steyr. Nach der Kirche verläuft die Strecke kurvenreich. Da man weit nach vorn sieht, fahren sie alle nebeneinander.

»Auto kommt!«, schreit Sophie ihren Freunden zu. Blitzschnell reihen sie sich nacheinander ein, Anna fährt an der Spitze. Von hinten überholt sie ein schwarzer Kombi. Sophie, die das Schlusslicht bildet, sieht bei jedem Auto unbewusst auf das Kennzeichen. Das Mädel merkt sich leicht Zahlen, und so ist sie mehr als erstaunt, als sie das Kennzeichen des Kombis liest. Sie brüllt: »SE-133 XY! Anna, Max, Paulina, das ist unser Unbekannter namens

Toni! Schade, dass wir zu langsam sind, das Auto ist gleich weg. Womöglich hat er auch den Müllberg abgeladen. Seht, er fährt rechts hinunter Richtung Steyr. Ihm nach!«

»Zufälle gibt es, ein Wahnsinn!«, sinniert Anna und schüttelt ungläubig ihren hübschen Blondschopf. Eifrig treten die vier Kinder in die Pedale. Die Straße führt steil bergab, vorbei an einem bekannten Aschacher Mostbauernhof. Zottelige Hochlandrinder stehen auf der Weide hinter dem Bauernhof und sehen den Kindern nach.

»Pass auf, Max, in der Kurve liegt Rusel!«, schreit Paulina. Max ist viel zu schnell in die Rechtskurve gefahren. Doch zu spät! Max' Rad schleudert hin und her. Verzweifelt reißt der Bub an seiner Vorderbremse. Das Hinterrad steigt hoch und der Drahtesel beginnt auf dem Schotter auszurutschen. Mit Müh und Not kann Max einen schweren Sturz vorn über den Lenker verhindern. Kräftig schlägt er mit seiner Hüfte beim Fahrradrahmen an.

»Aua!«, kreischt er und bleibt abrupt stehen.

»Vergesst das Auto!«, ruft Anna nach vorn.

Kreidebleich vor lauter Schock steht Max am rechten Fahrbahnrand. Er reibt sich die schmerzende Stelle unterhalb des Bauchnabels mit der Hand. Höllisch weh tut Max sein linker Hüftknochen, aber auch die beiden Handgelenke mussten viel abfedern und brennen vor Schmerz.

»Lass einmal sehen, ob du blutest«, meint Sophie und zerrt an seinem T-Shirt. Doch der Zwölfjährige denkt nicht im Traum daran, sich vor den Mädchen zu entblößen. Er spürt, dass er sich eine blutende Wunde geschlagen hat, doch nachsehen will er erst später in Ruhe, und zwar allein. »Geht schon wieder«, gibt der tapfere Junge von sich und bedeutet den Mädchen weiterzufahren.

Natürlich war der schwarze Kombi längst über alle Berge. Vor der kleinen Brücke biegt die S-Bande scharf in eine Wiese ab. Sie lehnen ihre Fahrräder an einen großen Birnbaum. Dann klettern sie ins fast ausgetrocknete Bachbett. Unter der Straße durch führt eine Unterführung, schließlich erreichen sie nach wenigen Metern den Schotterstrand.

»Unglaublich, so viel Müll! Sauerei! Wer tut so etwas bloß?«, ruft Paulina und eilt gleich zur Stelle unterhalb der Brücke.

»Sieht so aus, als wäre jemand einfach mit dem Auto auf der Brücke stehen geblieben und hätte dann den Kofferraum entladen. Sogar eine Mikrowelle liegt herunten«, erklärt Max den Sachverhalt. Mit Holzstöcken stochern die Kinder im Müll herum.

»Nach was suchen wir eigentlich?«, fragt Sophie, während sie mehrere, halb durchnässte Illustrierte hochhebt.

»Natürlich nach Beweisen. Wir müssen jeden kleinen Fetzen genauestens untersuchen, vielleicht haben wir Glück und es stehen irgendwo eine Adresse oder ein Name darauf«, meint Anna. Die Kleine ist eifrig bei der

Sache. Sie kann nicht verstehen, dass trotz der vielen kostenlosen Sammelzentren immer wieder Erwachsene ihren Müll in der Natur abladen.

Mit dem Fuß stößt Max die Mikrowelle auf die Seite. Augenblicklich springt die Tür mit einem leisen Klingelgeräusch auf und die Kinder blicken überrascht in das vollgestopfte Innere des in die Jahre gekommenen Elektrogeräts. Jemand hat bis zum Anschlag Papier hineingepresst. Vorsichtig räumt Max die vom Regen verschonten Zeitungen heraus.

Anna nimmt einen zugebundenen Kunststoffsack genauer in Augenschein. Schnell ist klar, dass sich darin verfaulte Küchenabfälle befinden. Angewidert stößt sie aus: »Immer muss ich auf die stinkenden Bomben stoßen! Mir reicht es echt!« Beleidigt verschließt sie den Sack und sucht sich etwas Neues im Unrathaufen.

Auf einmal hüpft Max wie verrückt am Stand auf und ab, wie von Sinnen schreit er: »Juhu, wir haben den Täter! Wir haben ihn! Der Vollpfosten hat seinen Namen und die Adresse hinterlassen! Blöder geht es nun wirklich nicht mehr! Juhu!«

Ungläubig kommen die Mädchen näher und betrachten in Max' Hand eines der Printmedien aus der Mikrowelle. Klar und deutlich ist mit dunkelblauer Tinte der Name des Empfängers maschinell aufgedruckt.

»Super, er wohnt an der Hauptstraße mitten im Ort. So ein Trottel aber auch. Kennt ihn jemand von euch?«, fragt

Sophie in die Runde. Keines der Bandenmitglieder nickt, aber sie können ihr Glück kaum fassen, die erste Jagd nach einem Umweltverschmutzer ist ihnen voll aufgegangen. Was sie nun mit der wichtigen Info machen, müssen sie erst beratschlagen. Bestimmt fällt ihnen in den nächsten Tagen etwas ein.

»Ihr habt Luks Worte gehört. Es reicht nicht, sie aufzustöbern, wir müssen sie an den öffentlichen Pranger stellen«, betont Max. Seine Augen sehen dabei wild entschlossen aus, er kennt null Gnade mit dem Umweltsünder. Kein einziger Aschacher hat es seiner Meinung nach nötig, seinen Hausmüll und Elektroschrott im Wald oder am Fluss zu entsorgen.

»Wir sind die Rächer der Natur! Der Täter wird dafür büßen!«, ruft Anna, zu allem bereit.

Schnell fotografieren die Kinder mit ihren Handykameras jede Einzelheit am Strand. Max verschließt sogar noch einmal die gefüllte Mikrowelle und stellt das Auffinden der Zeitungen nach. Am letzten Foto hält er die Adresse des Täters nahe in die Kamera.

Zufrieden mit ihrem Werk kehren die Kinder auf ihren Rädern nach Hause zurück. Wie im Flug ist dieser Nachmittag verstrichen. Wahrscheinlich kann sich die S-Bande erst wieder am Wochenende treffen. Sophie und Paulina haben am Freitag die gefürchtete Matheschularbeit und Max muss für ein Biologiereferat lernen.

Nur Anna hat Zeit, sich die nächsten Schritte im Fall »Strandverschmutzer« zu überlegen. Lange muss die aufgeweckte Kleine nicht nachdenken, bereits beim Bergaufradeln Richtung Sonnenhang kommt ihr eine geniale Idee. Zur Ausführung benötigt sie selbstverständlich die Hilfe der anderen, im Alleingang möchte sie nichts unternehmen.

Gegen sechs Uhr muss Lukas seine Freunde nach Hause schicken, er darf wieder einmal anstatt seines Vaters in den Kuhstall gehen. »Er geht jagen und ich kann die Stallarbeit erledigen. Kinderarbeit! Wahrscheinlich sitzt er beim ›Kaiser in der Saaß‹ halbtrunken in der Wirtshausstube herum und hält sein Bierglas gut fest«, beschwert sich der Bub angefressen und lautstark.

Wütend stapft Lukas mit einer Mistgabel in der Hand und mit Gummistiefeln und Blaumann bekleidet hinter seiner Mutter her. Diese seufzt nur einmal laut auf und nickt anerkennend ob der wahren Worte ihres geliebten Sohnes. Natürlich kann er die Arme keinesfalls im Stich lassen, dazu hat Luk ein zu gutes Herz. Sein Vater, der Löberbauer, ist sehr streng zu ihm, doch die Mutter ist weich und stets lieb und macht sich am Hof allerhand mit.

»Scheiß Rindvieher!«, begrüßt er grantig die gutmütigen, hungrigen Tiere, die absolut nichts für seine miese Laune können. Erwartungsvoll muhen sie ihm entgegen. Das Melken, Ausmisten und Füttern der Nutztiere dauert

mindestens anderthalb Stunden. Morgen ist ein Schultag und eigentlich sollte Lukas bei seinen Hausaufgaben sitzen. Am Nachmittag hat er schließlich Besseres zu tun gehabt, die Nacht wird für ihn wieder einmal lang werden.

Nach dem Austeilen des Grünfutters mit der Heugabel streichelt er versöhnlich den Kopf seines Lieblingskalbs. »Du bist ja so süß, meine Liebe«, flüstert Lukas ganz sanft und eilt im Anschluss zum Melkstand, um seine Mama bei der Arbeit zu unterstützen.

Zur selben Zeit wechselt der grobe Hans zum dritten Mal den Verband an seinem Daumen. Immer wieder si-

ckert Blut aus der Wunde und durchnässt die Mullbinden. Eigentlich gehört die Wunde ärztlich versorgt und bestimmt auch genäht, doch Krankenhäuser und Doktoren verabscheut der Einzelgänger zutiefst. Um jede Arztpraxis macht er seit Jahren einen weiten Bogen.

Mit rauen Methoden versucht er die Blutung zu stoppen. Immer wieder gießt er klaren, hochprozentigen

Zwetschgenschnaps auf die klaffende Wunde. Es brennt wie die Hölle. Schmerzverzerrt beißt sich Hans auf die Lippen, bis das Brennen endlich nachlässt. Dann nippt er ein klein wenig an der Schnapsflasche, um besser einschlafen zu können. Früher hatten die Menschen auch keine andere Medizin, davon ist er überzeugt.

»Diese Rotzlöffel, denen werde ich zeigen, dass man sich mit mir nicht anlegen sollte«, murmelt er vor sich hin und wickelt eine nicht ganz saubere Mullbinde um den Daumen. Mit Hansaplast klebt er die Enden fest. Dann legt er sich erschöpft auf das verbeulte Sofa vor dem Fernseher. Die Nachrichten beginnen in Kürze, diese möchte er nicht versäumen. Meistens schläft er gleich im Wohnzimmer beim Fernsehen ein.

Nach der Jause macht es sich Hans bequem. Hie und da spürt er ein leichtes Stechen in der Wunde, doch den Schmerz kann er aushalten, und schließlich heilt die Zeit alle Wunden.

Auch diese Nacht bleibt Hans' Bettgemach im Obergeschoß unbenützt. Mitten in der Nacht schreckt er hoch, er hat geträumt, dass Eindringlinge seinen Eisenschrott stehlen. Schweißgebadet wälzt er sich auf dem versifften Sofa hin und her, bis er das Übergewicht bekommt und auf den Boden knallt. Schlaftrunken krabbelt der 110-Kilo-Mann hoch und greift sich sofort an die schmerzende Hand, ausgerechnet auf seine frisch verletzte Rechte ist er gefallen.

»Verdammt, das tut weh!«, flucht Hans und knipst den Lichtschalter an. Er hält den engen Verband auf der Wunde keine Sekunde mehr aus und reißt ihn herunter. Die gesamte Hand hat sich blutrot gefärbt, und angeschwollen ist sie auch.

Vorsichtig versucht der Leidende den Arm zu heben, doch sogar die Achsel schmerzt entsetzlich. Nur mit höchster Anstrengung kann er seinen Ellenbogen hochheben, seine Lymphknoten sind derart angeschwollen.

Im Lichtschein der Lampe erkennt Hans einen bläulichen Strich entlang des Handgelenks. Augenblicklich beginnt er zu schwitzen. Nun weiß Hans, dass er dringend ärztliche Hilfe benötigt. Blutvergiftung! Mit mehr Schnaps bekommt er die auch nicht weg. Mitten in der Nacht wählt er verzweifelt den Notruf 144.

Am Pranger

Nichts ahnend, dass der grobe Hans mit einer Blutvergiftung im Krankenhaus Steyr liegt, beschließen die Falken am nächsten Tag ihr weiteres Vorgehen. Ohne Erbarmen mit dem verletzten Mann leiten sie Schritte in die Wege, die nicht mehr rückgängig zu machen sind. Sebastians Mutter arbeitet im Gemeindeamt als Büroangestellte. Dem technikbegeisterten Jungen sind die Passwörter seiner Mama geläufig, und so gelingt es ihm, sich in die Homepage der Gemeinde einzuhacken. Rings um seinen Schreibtisch herum sitzen gespannt Lukas und Tobias.

»Los, stell die Bilder auf die Startseite der Gemeinde, dann kann jeder Bürger von Aschach an der Steyr sehen, welch unglaublichen Müll Hans in seinem Garten hortet. Schämen sollte sich der Mann!«, gibt Luk von sich. Tatsächlich schafft es sein Freund mit wenigen Mausklicks, die von Tobias geschossenen Bilder als Diashow online zu stellen.

»Super, los, steig noch einmal als normaler User ein«, schlägt nun Tobi vor. Sogleich gibt Sebastian auf Google die Suchbegriffe »Gemeinde Aschach« ein. Einen Doppelklick später öffnet sich die gesuchte Seite. Auf der Startseite erscheint links oben die Überschrift »Neuigkeiten«, gleich darunter das Bilderalbum.

Jedes Bild hat eine aussagekräftige Kommentarzeile. Unterhalb des ersten Fotos steht: »Haben Sie dieses Haus schon einmal gesehen?«

Unter dem zweiten Bild ist zu lesen: »Umweltverschmutzer gesucht!«

Beim dritten Foto liest Lukas laut vor: »Hausen wie ein Schwein am schönen Steyrfluss« und zollt Sebastian Lob: »Einfach spitze, was du dazugeschrieben hast!«

Als vorletztes Bild wird Hans selbst eingeblendet. Es ist für Tobias und Luk eine Überraschung. Sebastian hat das Foto im Internet gefunden. Es stammt aus einer Zeit, als Hans noch beim Musikverein Aschach gespielt hat. Gequält lächelt dieser nun im Großformat vom Bildschirm, die Augen sind natürlich gepixelt, darunter steht in roter Schrift: »Ich bin ein waschechter Umweltverschmutzer. Schnappt mich!«

Als zehntes Bild hat Sebastian ein wunderschönes Naturfoto hochgeladen, es zeigt auf einer saftigen grünen Frühlingswiese blühende Obstbäume, darunter steht in alter, verschnörkelter Schrift: »Keiner entkommt Robin Wood und seinen Mannen! Bürger von Aschach an der Steyr, nehmt euch in Acht vor den Rächern der Natur!«

Zufrieden mit ihrem Werk schließen die Falken vorläufig die Akte Hans. Am Nachmittag steht noch ein Besuch in der Pichlerner Au an, die Jungs wollen Nachschau halten, ob der Erbauer des aufwendigen Lagers zurückgekehrt ist.

Sophie sitzt mit Paulina in ihrem Schlafzimmer. Auf dem Schreibtisch liegen verstreut die Mathematikbücher und Hefte. Zum Schularbeitenstoff gehört dieses Mal viel Geometrie. Weil sich Sophie wesentlich leichter in der Schule tut, kommt Paulina gern zum Lernen vorbei, sie ist nicht gerade ein Matheass. In der Klasse wird das Mädchen oft im Unterricht von den hübschen Jungs abgelenkt, deshalb lässt sie sich von ihrer Freundin noch einmal das gleichseitige und das gleichschenkelige Dreieck erklären.

»So, Paulina, du wirst jetzt die Nummer 512 a und b zeichnen. Bitte reiß dich zusammen, das haben wir bereits voriges Jahr gelernt!«, schafft Sophie streng an. Sie kann gar nicht verstehen, wie man sich nur so blöd wie Paulina in Mathe anstellen kann. Entnervt beobachtet sie jeden Bleistiftstrich ihrer Freundin.

Den Gang hinunter liegt das Büro von Sophies Mutter. Sie ist soeben damit beschäftigt, im Internet nachzusehen, wann die Amtszeiten des Gemeindeamts sind. Die Maisstärkesäcke für den Biomüllcontainer sind ihr ausgegangen. Als eine der Ersten im Gemeindegebiet öffnet sie die von den Falken manipulierte Startseite. Gespannt stiert die Mutter auf den Bildschirm.

»Tsss, was soll das bedeuten?«, überlegt sie halblaut und sieht sich die Bilder ein zweites Mal genauer an. Dann ruft sie: »Anna, Sophie, Paulina, das müsst ihr euch ansehen! Kommt sofort in mein Büro!« Nacheinander schlüpfen die Kinder bei der Tür herein. Fasziniert sehen sie sich die zehn Aufnahmen an.

Anna kapiert als Erste, was sie eben zu Gesicht bekommt. Sofort schießt ihr in den Kopf: »Mich laust der Affe, die Jungs sind wirklich gut. Wieder einmal sind sie uns einen gewaltigen Schritt voraus.«

Natürlich stellt sich das Kind vor seiner Mutter dumm, nie und nimmer würde sie die Falken verraten. Anna meint ganz unschuldig: »Da hat sich wohl jemand einen Scherz erlaubt, oder unser lieber Herr Bürgermeister macht jetzt verschärft Jagd auf Aschacher Umweltverschmutzer. Mama, du weißt, wir haben den Monat der Müllvermeidung, und schließlich ist unser Ortschef selbst im Hauptberuf Polizist.«

Ungläubig schüttelt die Mutter den Kopf und gibt zur Antwort: »Nein, das glaube ich nicht. Das sind doch Methoden wie im Mittelalter. Damals wurden Menschen auch für ihre Vergehen auf dem Dorfplatz an den Pranger gestellt und von den vorbeigehenden Leuten angespuckt und beschimpft. Außerdem würde unser Herr Bürgermeister bestimmt nicht mit Robin Wood unterschreiben. Es steckt mit Sicherheit jemand anderer dahinter. Vielleicht ein überzeugter grüner Aktivist? Wobei es wirklich ungeheuerlich auf dem Grundstück aussieht. Habt ihr die unzähligen Autoreifen gesehen? Eine Unverschämtheit! Wenn ich es mir überlege, es geschieht dem Mann doch ganz recht.«

Viele Aschacher teilen in den nächsten Stunden die Meinung der Mutter. Nahezu alle Bürger halten sich an sämtliche Bestimmungen und nutzen die vorgesehenen Sammelzentren und die Gratismüllsäcke und Abfalltonnen. Leider gibt es überall die sogenannten schwarzen Schafe in der Gesellschaft.

Die Falken können nicht ahnen, welche Reaktionen sie in der Gemeinde mit ihrer Fotoshow hervorrufen, sie fahren mit den Rädern gerade Richtung Pichlern.

Schnell verständigt Anna Max über das Telefon. Er ist mit der Recherche für sein Biologiereferat beschäftigt. Aber für eine halbe Stunde kann er von zu Hause weg. Besonders interessiert ihn sein Biothema ohnehin nicht, die faden Wiederkäuer können warten.

In Annas Zimmer treffen sich die Mitglieder der S-Bande zu einer kurzen Lagebesprechung. Schnell zeigen sie Max die Fotos auf der Gemeindehomepage. Anerkennend entfährt es ihm: »Einfach genial. Ich könnte wetten, das ist das beschriebene Haus des groben Hans. Besser hätten sie ihn nicht vorführen können. Respekt den Falken! Wir müssen schnellstmöglich mit ihnen gleichziehen. Was sollen wir mit dem Strandverschmutzer machen? Schade, dass wir diese Woche so viel zu lernen haben.«

Anna ist wegen dieser Sache gar nicht beunruhigt, längst hat ihr Plan in ihrer Fantasie an Gestalt angenommen. Rasch erklärt sie Max, Paulina und ihrer Schwester ihre Idee. Ganz in mittelalterlicher Manier wollen sie den Übeltäter überführen und den Bürgern vorführen.

»Wow, das wird mindestens so genial wie die Homepagegeschichte der Falken. Ich freue mich auf den Sonntagmorgen! Die Aschacher werden Augen machen! Nein, was sage ich da, die Augen werden ihnen fast herausfallen. Das wird spitzenmäßig!«, frohlockt Sophie. Geschwind löst sich die Besprechungsrunde nach rund dreißig Minuten wieder auf und die Kinder widmen sich ganz ihren Lernsachen.

Wieder hat nur Anna Zeit, sie beschreibt in ihrem Zimmer mit einem Bleistift eine Holztafel für Sonntag. Immer wieder radiert sie unzufrieden die Buchstaben weg, bis sie endlich den perfekten Schriftzug auf die Tafel schreibt. Dann fährt sie die Hilfslinien mit einem roten, wasserfesten Lackstift dick nach. »Hast du wirklich gut gemacht!«, lobt sich die Kleine selbst. Rasch lässt sie das fertige Schild unter ihrem Bett verschwinden.

Enttäuscht, nichts Neues entdeckt zu haben, kehren die Falken aus der Au zurück. Natürlich hat sich die Neuigkeit von der Gemeindeseite auch in ihren Elternhäusern wie ein Lauffeuer verbreitet. Obwohl der Löberbauer mit dem Internet rein gar nichts am Hut hat, weiß er bei der Jause schon bestens Bescheid. Lukas, seine Mutter und der Löberbauer sitzen rund um den Jogltisch aus Fichtenholz und halten Brotzeit, als der Bauer trocken von sich gibt: »Na, das geschieht dem Hans ganz recht, dass er vorgeführt wird. Der Depp sammelt Jahr und Tag nur Klumpert zusammen. Von nichts kann sich der Narr trennen. Und jetzt liegt er mit einer Blutvergiftung im Spital, weil er sich an seiner eigenen Fischdose geschnitten hat. Selber schuld! Unser Bürgermeister wird bestimmt bald handeln und hart durchgreifen. Ich könnte wetten, dem guten Hans flattert bald ein Räumungsbescheid für seinen Garten ins Haus. Dann heißt es flotti lotti zusammenräumen und den Müll entsorgen. Sonst wird es für ihn ordentlich teuer. Dann schickt ihm nämlich der Herr Bürgermeister höchstpersönlich eine Putzkolonne aufs Grundstück. Da heißt es dann Gefahr im Verzug. Noch einmal lässt sich unser Ortschef das Grundwasser nicht vergiften, das sage ich euch. Das hat im letzten Sommer gereicht.«

Der Löberbauer ereifert sich weiter: »Wisst ihr noch, wie die Feuerwehr sogar den Landwirten frisches Wasser für die Tiere bringen musste? Übrigens, der Übeltäter von damals wurde nie ausgeforscht. Experten sagen, dass ein einziger achtlos ausgeschütteter Benzinkanister die Grundwassserverunreinigung auslösen kann. Ich möchte wissen, wer die Bilder verbreitet hat, dem Mann würde ich zu gern anerkennend auf die Schulter klopfen. Ha! Ha!«

Mehr sagt der schadenfrohe Löberbauer nicht mehr zu dem Thema. Er kann ja nicht ahnen, dass er bloß seinem Gegenüber, nämlich seinem Sohn, auf die Schulter zu klopfen bräuchte. Der Bauernhof des Löberbauern ist immer tipptopp zusammengeräumt. Dreck und Unordnung hasst er mehr als alles andere.

Genüsslich schneidet sich der hungrige Landwirt ein Stück frischen Bauchspeck herunter und beginnt diesen mit seinem scharfen Jagdmesser hauchdünn aufzuschneiden. Hellhörig hat Lukas jedes Wort gespeichert. Schnell verschlingt er die letzten Bissen und stürmt aus der Stube. Er will die Neuigkeit sofort seinen Freunden erzählen.

Bewaffnet mit Taschenlampen erreichen die Falken gegen halb neun Uhr abends das Grundstück am Steyrufer. Weder Tobias noch Sebastian wissen, was sie hier noch suchen. Luk hat seiner Meinung nach wieder einmal eine grandiose Idee. Da Hans weit weg in einem Krankenzimmer weilt, betreten die Burschen ohne Vorsichtsmaßnahmen sein Grundstück.

»Jetzt sag uns endlich, was wir suchen. Wir müssen bald nach Hause, sonst entdecken die Eltern unser Fehlen«, jammert Sebastian. Der Bub hat sich kurz zuvor durch das Kinderzimmerfenster im Obergeschoß verdünnisiert. Davor steht ein Kirschbaum, an diesem kletterte er in den Garten und türmte unbemerkt von zu Hause.

»Ich will die originale Fischdose finden, an der sich Hans geschnitten hat. Wir schicken sie ihm mit einem netten Genesungsschreiben ins Krankenhaus. Der wird blöd aus der Krankenhauswäsche gucken, wenn er die

Dose in der lädierten Hand hält«, erklärt Luk, während er gebückt durch die Wiese streift und immer wieder prüfend Gegenstände aufhebt.

»Kommt zu mir her, ich habe den Holzstecken gefunden, mit dem mich der grobe Lackel fast erschlagen hat! Mein Schienbein ist jetzt noch arg geschwollen. Dann muss die blöde Dose in einem Umkreis von ungefähr sieben Metern zu finden sein!«, ruft nun Sebastian zu den anderen hinüber.

In ihren Köpfen lassen Lukas und Sebastian den Stellungskampf mit Hans Revue passieren. Überaus wichtigtuend schreitet Lukas mit großen Schritten vom Holzstecken aus sieben Meter weit in der Finsternis. Beim dritten Versuch wird er fündig. Direkt vor seinen Füßen liegt im hohen Gras die rostige Blechdose. Schnell bückt er sich danach und frohlockt: »Ich habe sie!«

Zufrieden ziehen sich die Falken vom Grundstück zurück. Sie müssen schleunigst nach Hause, bevor jemand ihr Fehlen bemerkt. Damit die Fischdose nicht beim Radeln verloren geht, befestigt Luk sie an seiner Hose mit einem kleinen Karabiner, der immer an seinem Gürtel baumelt.

Im Krankenhaus Steyr bekommt der verletzte Hans seine letzte Antibiotikainfusion für den heutigen Tag abgehängt. Verzückt sieht er der hübschen Krankenschwester nach, als sie nach getaner Arbeit sein Zimmer verlässt.

»Schönes Frauenzimmer, toller Hintern!«, schwärmt er und rollt sich sogleich zum Schlafen auf die Seite. Hans führt seit ewigen Zeiten ein Dasein als Single, aber träumen darf er ja noch von einer schönen Frau. Wenig später liegt der Kraftlackel leise schnarchend im weißen Krankenhausbett, hin und wieder huscht ihm im Schlaf ein verzücktes Lächeln über das Gesicht.

Am nächsten Tag treffen sich die Falken nach der Schule bei ihrem Falkenhorst. In diesem Hochsicherheitsjägerhochstand hinter dem Hof des Löberbauern besprechen die Buben ungestört ihre weiteren Pläne.

Auf einem Holzhocker in der Mitte des Raums liegt die Fischblechdose. Daneben hat Luk schon vor dem Erscheinen seiner Freunde Papier, Stift und einen kleinen Karton postiert.

»Hast du das eine Foto mit den Autoreifen ausgedruckt?«, fragt der Anführer Tobias. Dieser nickt und kramt das Bild mit seiner Rechten aus der Jackentasche hervor. Er legt es zu den anderen Utensilien.

»Super! Wir müssen uns beeilen. Sebastian, du schreibst, schließlich hast du die schönste Handschrift von uns und machst die wenigsten Rechtschreibfehler. Manches Mädchen würde beim Anblick deiner gestochen geschriebenen Hefte vor Neid erblassen. Hans soll unsere Botschaft lesen können«, teilt Luk seinen Freund nicht ohne bösen Seitenhieb zur Schreibarbeit ein.

Beleidigt gibt Sebastian von sich: »Lass mich in Ruhe, du schmierst so, wie euer Hahn am Mist schert. Gib den Stift her! Was soll ich schreiben?«

Kurz überlegen die Jungs, wie sie ihre Genesungswünsche für Hans verfassen wollen. Tobias sagt an:

»Lieber Hans!
So manch Aschacher denkt,
bei Krankenhaustagen
werden zum lieben Hans
alle bestimmt nur Nettes sagen.

So wir nicht, du fauler Hund!
Beeil dich geschwind
und werd' endlich gesund!
Wir wünschen dir baldige Genesung,
bei dir zu Hause stinkt's im Garten nach Verwesung.

Robin Wood und seine Mannen alias die Falken!«

Nach einem prüfenden Blick auf das etwas holprig Gereimte meint Sebastian: »Willst du ihm tatsächlich verraten, wer ihm die Karte geschrieben hat?«

»Ganz egal, er weiß sowieso, dass das Packerl von uns stammt. Das wird eine Mordsgaudi, wenn wir ihm dann das Präsent ins Krankenhaus bringen. Schade, dass wir beim Öffnen nicht dabei sein werden. Wer fährt alles mit?«, erkundigt sich Lukas. Alle reißen die Hand in die Höhe, keiner will auf den Ausflug verzichten. Geschwind packen sie das Genesungsschreiben und das Foto in die Fischdose und geben alles in den vorgesehenen Karton, dann verlassen sie überstürzt den Falkenhorst über die Falltür und die Feuerwehrrutschstange.

Mit ihren Rädern entfernen sie sich rasch vom Anwesen. Sie nehmen eine Abkürzung über Christkindl. Im Ortsteil Unterhimmel fahren die Burschen über einen extrem steilen Berg hinunter. Als Warnung für die Benutzer der schmalen Straße steht auf einer rot-weißen Warntafel: »Befahren auf eigene Gefahr, Wintersperre«. Der Pfad

führt durch eine verwachsene Unterführung, die aus quadratischen Steinblöcken gebaut wurde.

»Wahnsinn, so einen steilen Weg bin ich noch nie hinuntergefahren, die Unterführung muss uralt sein. Habt ihr gesehen, wie schmal die ist?«, staunt Sebastian beim Bergabfahren.

Zügig kommen sie voran. Sie düsen an der sogenannten Unterhimmler Obststreuwiese vorbei Richtung Schwarze Brücke. Unzählige Autos parken entlang der Steyrer Au. Die Städter nutzen ihr Naherholungsgebiet am schönen Steyrfluss. Viele Hundebesitzer lassen am Nachmittag ihren Bello laufen, in der Au besteht keine Leinenpflicht. Nur noch ein kurzer Anstieg hinauf zum Annaberg ist zu schaffen, dann sind sie auf der Bundesstraße unweit des Krankenhauses angelangt.

»Drück den roten Knopf beim Fußgängerübergang!«, befiehlt Lukas seinem Freund Tobias. Sekunden später schaltet die Ampel auf Grün und die Burschen können die Straße überqueren. Über eine Rampe erreichen sie schließlich das LKH Steyr.

Luks Plan, das Packerl für den groben Hans einfach beim Portier abzugeben, scheitert kläglich. Der Mann ist stets beschäftigt und meint unfreundlich zu den Buben: »Es sind noch zwei Stunden Besuchszeit, bringt dem Kranken das Paket selbst vorbei. Dafür habe ich keine Zeit. Wo kommen wir denn hin, wenn ich nun auch noch Postbote spielen soll!«

Der gute Portier kann nicht ahnen, dass die Falken das auf gar keinen Fall tun möchten. Nicht einmal den Nachnamen von Hans wissen sie genau. Luk übernimmt beim Schalter das Wort und versucht den Mann zu überzeugen: »Wissen Sie, mein Vater schickt mich mit dem Packerl, wir kennen den Mann doch gar nicht. Die Jägerschaft Aschach an der Steyr möchte ihrem Jagdkollegen ein Genesungsgeschenk schicken. Jetzt fällt mir ein, wir kennen nicht einmal den Nachnamen des Kranken. Er ist am Sonntag in der Nacht mit Blutvergiftung eingeliefert worden. Hans ist sein Vorname. Vom Alter her dürfte er zwischen vierzig und fünfzig Jahre sein. Er wohnt in Aschach an der Steyr. Seine Adresse kann ich Ihnen auch noch nennen.«

Während Lukas spricht, tippt der Portier die Informationen in seinen Computer, plötzlich sagt er: »Die Adresse brauche ich nicht mehr, hier haben wir den Gesuchten. Er liegt auf der internen Abteilung, Haus 5, Stock 3, Zimmer 308. Schönen Nachmittag, Jungs.« Sogleich widmet sich der Mann beim Infopoint anderen Besuchern. Gutgläubig hat er ihnen vertrauliche Informationen verraten.

Den Burschen bleibt nichts anderes übrig, als das Packerl selbst auf die Station zu bringen, auf der sich der Verletzte auskuriert. Ihre Fahrräder parken sie an einem Fahrradständer. Blaue Schilder mit weißer Aufschrift weisen ihnen den Weg zur gesuchten Abteilung. Mit einem mulmigen Gefühl betreten die Falken das Gebäude und fahren mit dem Lift ins dritte Stockwerk.

»Überlasst alles mir, haltet euch im Hintergrund«, übernimmt wieder einmal Luk das Kommando. Vorsichtig nähern sich die Jungs dem Zimmer mit der Nummer 308. Nach dem Schwesternzimmer geht es den sterilen, weißen Flur entlang. Vor der Teeküche befindet sich der allgemeine Fernsehraum. Durch eine riesige Glasscheibe hindurch können sie im Inneren den groben Hans erkennen. Seine verletzte Hand ist dick verbunden. In einem altmodischen, türkisen Pyjama mit Bündchen an den Armen und Beinen sitzt er mit dem Rücken zur Tür im Fernsehsessel neben einem mindestens neunzig Jahre alten Herrn. Gespannt stiert der Aschacher in den Apparat und bemerkt Gott sei Dank die vorbeihuschenden Falken hinter ihm nicht.

Weil die Luft rein ist, haben es die Buben plötzlich eilig. Nach einem kurzen Klopfen öffnet Luk die Zimmertür 308. Im hellen Raum mit zwei großen Fenstern befinden sich vier Betten. Da in drei fremde Männer liegen, weiß Lukas sofort, welches Hans gehört. Freundlich grüßt er die neugierig aufblickenden Patienten und geht zum leeren Bett. Ohne ein Wort zu sprechen, legt er die mitgebrachte Kartonschachtel auf Hans' Kopfpolster. Ja, die muss dieser einfach sehen! Dann zieht er sich zufrieden zurück, verabschiedet sich aufmerksam und schließt leise die Tür. Draußen erwarten ihn Sebastian und Tobias.

»Los, wir gehen den entgegengesetzten Flur entlang zum Lift, unser Glück müssen wir nicht überbeanspruchen. Wer weiß, vielleicht verlässt eben Hans das Fernsehzimmer. Ich möchte dem Grobian nicht schon wieder begegnen«, meint Tobias vorsichtig. Im Laufschritt geht es zum Lift. Sie fahren zurück ins Erdgeschoß. Unten angekommen, klatschen die Falken, zufrieden mit ihrem Werk, ab.

»Was wollen wir jetzt machen?«, fragt Sebastian in die Runde. Es ist erst kurz vor halb vier und nach Hause will noch keiner von ihnen.

»Fahren wir doch über die Alm heim. Der Hangrutsch in Letten muss gigantisch sein. Er kostet laut meinem Va-

ter die Sierninger Gemeinde ein Vermögen. Außerdem möchte ich wieder einmal den schönen Strand in Letten sehen«, meint Sebastian. Alle sind mit seinem Vorschlag einverstanden.

Natürlich entdecken die Jungs beim Heimradeln immer wieder Unrat neben der Strecke. Ganz schlimm ist der Strand in Letten verschmutzt. Unzählige Feierwütige haben sich hier in lauen Sommernächten vergnügt. Zwischen den Kieselsteinen liegen überall zerbrochene Flaschen, Blechdosen und Kunststoffabfälle.

»Sauerei!«, stößt Lukas aus, während er mehrere Bierflaschenscherben einsammelt und auf einen Haufen schmeißt. Keiner der Jungs versteht die Verschmutzer, denn die Gemeinde hat entlang des Strands Mistkübel angebracht.

Rund um die alten Feuerstellen ist der Dreck am größten. Sogar drei Fast-Food-Esstüten haben Unbekannte am Strand zurückgelassen. Daneben liegen unzählige leere, verbeulte Energydrink-Dosen.

»Typisch«, entfährt es Tobias wütend.

»Eines sage ich euch, bald legen wir uns auf die Lauer und dann können diese Drecksäcke ihr blaues Wunder erleben!«, schimpft der Anführer. Doch dafür ist heute der falsche Zeitpunkt, unter der Woche grillt niemand an der Steyr, was übrigens seit Jahren schon strengstens verboten ist. Außerdem müssen sich die Jungs beeilen.

Im Oktober gibt es kaum mehr Nächte, in denen man gemütlich rund ums Feuer sitzen kann. Aber das nächste Wochenende kommt bestimmt, und wer weiß, vielleicht haben die Falken Glück.

Erst um halb fünf Uhr nachmittags kehrt der grobe Hans in sein Krankenzimmer zurück. Das Abendessen ist für heute sein Highlight, es gibt eine kalte Jause mit Schwarzbrot. Davor möchte Hans die beim Wochenmenüplan ausgewählte Rahmsuppe schlürfen. Fast hätte er das Packerl auf seinem Kopfpolster übersehen. Gerade als er sich ins Bett legen will, macht ihn einer seiner Zimmerkollegen im letzten Moment auf das Präsent aufmerksam.

»Nanu, was ist das?«, wundert er sich. »Ein Junge hat es dir gebracht«, gibt sein Bettnachbar zur Rechten Auskunft.

Nun wird Hans hellhörig, misstrauisch öffnet er den Karton. Er kann nur seine linke Hand benutzen. Ungeschickt greift er in die Verpackung und holt die Blechdose heraus. Verdutzt blickt Hans auf die Fischdose und zieht den weißen Zettel und das Foto raus. Wut steigt in dem Mann auf, hastig überfliegt er die frechen Genesungswünsche.

Nun kann er sich nicht mehr halten. Voller Zorn schmeißt er die Fischdose in den Mistkübel neben seinem Bett. Mit der linken Faust schlägt er auf sein filigranes Nachtkästchen, dass es vor Vibrationen bebt, und schimpft dabei lauthals: »Nicht einmal im Krankenhaus habe ich vor diesen elendigen Lausbuben Ruhe, verflixt und zugenäht noch einmal! Diese ausgeschamten Bengel, wenn ich die in die Finger kriege, hagelt es Schläge! Ich vergesse mich gleich!«

Verwundert beobachten seine drei Zimmerkameraden den sonst so wortkargen und harmlos wirkenden Mitbewohner. Keiner getraut sich etwas zu sagen. Auf Hans' Stirn pocht eine vor Zorn angeschwollene Ader, angriffslustig blickt er nacheinander die anderen Männer an. Diese wenden sofort den Blick ab und starren angespannt beim Fenster hinaus.

Fünf Minuten später löffelt Hans völlig ruhig seine Rahmsuppe. Er kann es kaum erwarten, wieder nach Hause zu dürfen, schließlich wartet seine schwarze Miezekatze sehnsüchtig auf ihn im kleinen Häuschen an der Steyr in der Nähe der Wehranlage.

Die Wildkamera

Am Mittwochvormittag beschließt der Bürgermeister, die Fotos von der Gemeindehomepage endlich entfernen zu lassen. Seine Sekretärin muss vorher die Bilder noch für ihn ausdrucken und abspeichern. Dann diktiert er ihr ein persönliches Schreiben an Hans. In dem Brief steht, dass er ihm bis Monatsende Zeit gibt, den Unrat von seinem Grundstück gründlich zu entfernen, ansonsten schickt die Gemeinde Arbeiter zum Aufräumen, die Hans dann bezahlen muss.

Außerdem droht ihm der Herr Bürgermeister eine saftige Geldstrafe an. Schließlich sei Gefahr im Verzug, und das unerlaubte Lagern von Müll auf einem Baugrundstück in Flussnähe ist sowieso strengstens verboten. Zwei aussagekräftige Bilder legt die Sekretärin dem Brief bei. Zum Schluss unterzeichnet der Ortschef zufrieden das Schreiben.

Anna kommt heute als Erste von der Schule nach Hause. Nach dem Mittagessen erledigt sie ihre Hausaufgaben. Gerade als Sophie bei der Haustür hereinkommt, schickt die Mutter Anna zum einzigen Lebensmittelgeschäft mitten im Ort. Die Kleine soll Milch, Butter und Bäckerbrösel holen. Um nicht allein fahren zu müssen, ruft sie Maximilian an. Der Junge willigt ein. Mit einem Stoffsackerl am Lenker radelt Anna zum Elternhaus ihres Freundes.

»Servus, Max. Welche Note hast du auf dein Referat bekommen?«, fragt Anna neugierig nach. »Einen Zweier. Ich habe mich furchtbar geärgert, die anderen sind nicht besser als ich gewesen und haben einen Einser bekommen. Komm, lass uns fahren, ich mag keine Sekunde mehr an die Schule und die blöden Wiederkäuer denken«, erklärt Max beleidigt. Er ist sich ganz sicher, der Herr Biologielehrer mag ihn einfach nicht.

Zehn Minuten später erreichen sie das Ortszentrum. Gegenüber vom Kirchenwirt liegt das Kaufhaus. Die fleißige Greißlerin ist fast achtzig Jahre alt und steht noch tagtäglich im Laden. Ohne sie gäbe es in Aschach wohl kein Lebensmittelgeschäft mehr.

»Grüß Gott, Frau Resi!«, grüßen die Kinder beim Eintritt freundlich. Die Chefin sitzt an der Kassa und bedient eine Kundschaft. Schnell finden die beiden die Milch, die Butter und die Brösel. Natürlich wollen sie im Vorbeigehen noch etwas Süßes aus dem Regal vor der Kassa mitnehmen. Anna und Max geben liebend gern dafür ihr Taschengeld aus.

Sie sind so vertieft in das Aussuchen der Nascherei, dass sie gar nicht bemerken, wie ein alter Bekannter direkt vor ihrer Nase steht.

»Darf ich Ihnen wieder zwei Schachteln Memphis dazugeben, Herr Toni?«, fragt Frau Resi den Kunden. Als Antwort hören sie nur ein unverständliches Brummen. Beim Erklingen des Namens werden Anna und Max plötzlich hellhörig. Sie schielen erschrocken nach vorn und sehen den völlig schwarz gekleideten Mann. Er trägt sogar dieselbe Kappe am kahl geschorenen Kopf wie am Samstag in der Au. Anna sieht sofort den Ohrring in Ankerform. Maximilian findet das Halstattoo extrem hässlich. Es gruselt ihn. Bewusst lassen sich die Kinder Zeit, sie möchten Toni auf keinen Fall direkt in die Augen schauen. Sein Auto war ihnen vor der Greißlerei gar nicht aufgefallen.

Erst als Toni den Laden verlässt, haben es die Kinder urplötzlich eilig. Sie legen ihren Einkauf zur Kassa und Anna fragt ganz beiläufig Frau Resi: »Sagen Sie, kennen Sie den Mann? Sie würden uns sehr helfen. Toni hat am Samstag in Opas Wald eine Radkappe bei seinem Auto verloren, ich möchte sie ihm wiedergeben. Wir wissen aber seinen Nachnamen und seine Adresse nicht.«

Leider kennt die Geschäftsfrau den Neuzeuger auch nicht näher, doch sie gibt Anna einen guten Tipp. Anscheinend geht er jeden Mittwochnachmittag zum Kirchenwirt, dort trifft er sich mit Freunden auf ein Bier.

Da sich das Wirtshaus gleich gegenüber befindet, wollen Max und Anna ihr Glück dort versuchen. Auf dem Parkplatz vor dem Friseursalon steht der schwarze Kombi, es ist ein VW Passat mit dem Kennzeichen SE-133 XY.

Max läuft geduckt über die Straße zum Kirchenwirt. Vorsichtig blickt er knapp über dem Fensterbrett ins Innere der Gaststube. Tatsächlich erkennt er Toni, der an der Bar lehnt und gerade sein Bierglas hebt und seinem Gegenüber zuprostet. Max hat genug gesehen, er zieht sich zurück und läuft zu Anna hinüber auf die andere Straßenseite.

»Super, er ist es wirklich. Wenn er jeden Mittwoch herkommt, können wir ihn hier abstoppen und für seine Tat bestrafen«, schlägt Max vor.

Anna ist gegenteiliger Meinung, sie will ihn heute abstrafen und nicht irgendwann. Natürlich hat sie gleich eine Idee parat. Da Toni seinen Wagen verkehrt eingeparkt hat, nähert er sich beim Nachhausefahren von vorn seinem Auto. So können die Kinder am Heck des Wagens unbemerkt etwas befestigen.

»Komm mit!«, ruft Anna aufgeregt. Die Volksschule liegt nur wenige Meter entfernt und um drei Uhr nachmittags ist bestimmt noch die Reinigungsdame in der Schule. Schnellen Schritts läuft Anna zu ihrer Schule. Hinter ihr her hetzt Max.

Bereits im Eingangsbereich treffen sie auf die fleißig putzende Raumpflegerin. Anna grüßt sie freundlich und ruft: »Grüß Gott! Bitte um Entschuldigung, ich muss mir kurz Lernsachen aus der Klasse holen, ich habe sie heute vergessen!«

Da es öfters vorkommt, dass sich Kinder etwas aus dem Klassenraum abholen, ist die Frau kein bisschen misstrauisch. Außerdem kennt sie das Mädchen gut, in der Früh führt die Raumpflegerin täglich Pausenaufsicht.

Bei nur rund hundert Kindern in der gesamten Volksschule kennt sie natürlich ihre Schützlinge per Namen.

Im ersten Untergeschoß befindet sich Annas 4a-Klasse. An der Rückwand steht ein Regal, darauf befinden sich die Zeichenschachteln und Malmappen. Auch Annas giftgrüne Mappe ist dabei. Rasch zieht das Mädchen aus dieser einen A3-großen Zeichenblock heraus, auf dessen Deckblatt der weltberühmte Feldhase von Albrecht Dürer abgebildet ist. Mit einem Ruck reißt sie den Karton von der letzten Seite ab. Dann öffnet Anna ihre Zeichenschachtel und entnimmt mehrere dicke Malstifte, eine lange Schnur und eine Tixorolle. In großer Blockschrift schreibt sie vier Wörter auf das kleine Plakat. Danach steckt sie die Schnur und den Tixo in ihre Hosentasche und räumt die Stifte wieder weg. Schleunigst verlassen sie das Schulgebäude. Max fragt: »Was machen wir jetzt?«

»Los, such im Mistkübel vor der Schule nach Aludosen und Kunststoffflaschen, die binden wir an die Schnur.« Fünf Flaschen und drei Aludosen finden die Kinder in dem Behälter. Sie befestigen sie an der Schnur und laufen dann hinter Tonis Auto.

Maximilian ist etwas unruhig, er möchte auf gar keinen Fall erwischt werden, er jammert aufgeregt: »Los, beeil dich, er kann jederzeit aus dem Wirtshaus kommen!«

Anna bleibt seelenruhig, so schnell wird sich Toni wohl nicht von seinem Bierglas trennen. Geschickt klebt sie das Plakat an den Kofferraum, sodass es Fußgänger und nachfahrende Autofahrer gut lesen können. An der Anhängervorrichtung verknotet sie die Schnur, die leeren Flaschen und Dosen berühren den Boden. Beim Wegfahren werden sie ordentlich Krach machen. Schnell schießen die Kinder noch zwei Fotos vom Heck des VW.

Auf einmal zieht Max mit einem kräftigen Griff Anna in die Tiefe hinter das Fahrzeug. Sie haben nicht bemerkt, dass sich Toni mit Riesenschritten seinem Wagen nähert. Fast wäre Annas Handy auf den Asphaltboden gefallen, mit einer akrobatischen Verrenkung fängt das Mädchen ihr Telefon auf. In seiner Hand trägt Toni seine Jacke und den Einkauf.

»Verdammter Mist, hoffentlich will er nicht den Kofferraum öffnen«, überlegt Max. Vor Angst, entdeckt zu werden, erstarrt der Junge fast. Er hält den Atem an. Die Sekunden erscheinen ihm wie eine halbe Ewigkeit.

Nun erreicht Toni sein Auto. Mit der Fernbedienung öffnet er den Wagen. Tatsächlich geht er direkt nach hinten. Anna und Max drücken sich jetzt flach auf den Parkplatzboden. Es ist ihnen egal, dass ihre Kleidung schmutzig wird. Anna liegt genau auf einer öligen Stelle. Gott sei Dank öffnet er nur die linke hintere Autotür und schmeißt seine Sachen auf die Rückbank.

»Fahr endlich weg, ich muss gleich niesen!«, fleht Anna verzweifelt. Toni schlägt die Tür wieder zu und geht vor dem Auto vorbei zur Fahrertür. Plötzlich entfährt Anna ein lautes Niesen. Max greift sofort zu ihr hinüber und hält ihr seine Hand vor den Mund. Mit weit aufgerissenen Augen wartet Anna, was nun passiert. Toni bleibt kurz stehen, schaut einmal rundum, schüttelt den Kopf und steigt in den Kombi ein. Extrem erleichtert, unerkannt geblieben zu sein, liegen die Kinder noch immer auf dem harten Boden.

Max schickt ein Stoßgebet zum Himmel: »Bitte, lieber Gott, lass ihn nicht rückwärtsfahren, sonst sind Anna und ich nur noch Gatsch!«

Der liebe Gott erhört den Jungen, Toni legt den Vorwärtsgang ein, doch Anna hat doppelt Pech. Sie befindet sich genau hinter dem Auspuffrohr und liegt in einer Lache aus altem Motoröl. Beim Starten steigt Toni kräftig aufs Gaspedal. Eine schwarze Rußwolke kommt hinten heraus. Schnell hält Anna ihre Hand schützend vor Augen und Nase. Instinktiv hält sie auch die Luft an und duckt sich noch weiter.

Quietschend setzt sich der VW Passat in Bewegung, die Freunde krabbeln vom Boden hoch und blicken ihm nach. Anna kann endlich tief Luft holen. Polternd entfernt sich das Auto.

Weil Toni laute Heavy-Metal-Musik hört, bekommt er vom Lärm der Dosen und Flaschen zunächst nichts mit. Zahlreiche Aschacher, die gerade entlang der Straße zu Fuß unterwegs sind, lesen überrascht die Aufschrift am Auto: »Auverschmutzer Toni! Die S-Bande!«

»Super, Max, unsere Mission haben wir erfüllt. Ich bin schon gespannt, was Sophie und Paulina zu unseren Fotos sagen werden«, meint Anna. Ihr Freund muss lachen, als er der Kleinen ins Gesicht sieht: »Hahaha! Wisch dir erst einmal dein Gesicht ab, du bist total rußig. Wahnsinn, deine Hose sieht aus, sie steht fast vor Altöl. Deine Mutter wird Freude mit dir haben, wenn sie dich sieht. Findest du es nicht ein bisschen gefährlich, dass du unseren Bandennamen auf das Plakat geschrieben hast?«

»Ach, das ist sie von mir schon gewohnt. Die Waschmaschine braucht eh Arbeit. Und warum? Toni kennt uns doch gar nicht. Mit S-Bande kann er bestimmt nichts anfangen. Die Falken haben sich bei ihrem Internetauftritt auch als ›Robin Wood und seine Mannen‹ zu erkennen gegeben. Wir ziehen nur gleich mit den Jungs«, gibt Anna keck zur Antwort.

Auch die Falken wollen diesen Nachmittag nicht untätig bleiben. Ein erneuter Besuch beim Schneestangenverschlag ist geplant. Lukas trommelt seine Freunde beim Falkenhorst zusammen. In einem unbeobachteten Augenblick hat er gleich nach dem Essen aus dem Jagdzimmer seines Vaters eine Wildkamera entlehnt. Sein Papa weiß davon nichts, immerhin hat er vier Stück unterhalb des verschlossenen Waffenschranks gelagert. Luk glaubt nicht, dass sein Vater ausgerechnet in den nächsten Tagen eine Kamera benötigt.

Stolz präsentiert er Tobias und Sebastian die Digitalkamera im grünbraunen Tarndesign. Daneben legt er sein Handy auf den Hocker im Jägerhochstand. »Was willst du mit der Wildkamera?«, fragt Tobias erstaunt.

»Wir montieren sie in der Pichlerner Au. Sobald sich etwas in der Nähe bewegt, wird es von der Kamera aufgenommen. Stellt euch vor, ich bekomme dann fast zeitgleich die Bilder aufs Handy geschickt. Die Kamera funktioniert sogar in der Nacht mit Infrarotblitz. Was sagt ihr dazu? So können wir den Unbekannten aufspüren«, erklärt der Anführer.

Sebastian ist hellauf begeistert: »Super, das Ding! Vater sagt, die reagiert auf Wärme und Bewegung. Auf den Fotos stehen das Datum und die genaue Uhrzeit darauf. Einfach toll, Lukas! Mich freut es eh nicht, jedes Mal den weiten Weg bis zum Verschlag zurückzulegen, um dann doch wieder enttäuscht die Heimreise anzutreten. Wann wollen wir sie montieren?« »Heute noch«, antworten Luk und Tobias zeitgleich, dabei strahlen ihre Augen voller Tatendrang.

Nach einer halben Stunde erreichen die Jungs den Mischwald. Vorsichtig nähern sie sich dem Hangrutschgebiet. Plötzlich entdeckt Lukas im Unterholz einen deutlichen Fußabdruck. Abrupt bleibt er stehen und zeigt seinen Freunden an, dass sie ganz leise sein sollen.

Ohne einen Mucks zu sagen, stehen sie rund um den Abdruck und starren auf den Boden. Ein grober Abdruck ist zu erkennen. Das Sohlenprofil sieht massiv aus, wahrscheinlich stammt es von einem Winterstiefel oder von Bergschuhen.

Sebastian hat die größten Füße, bereits Schuhgröße 43. Er hält vergleichend seinen rechten Turnschuh zum Abdruck. Mehrere Zentimeter fehlen auf die Größe. Der Unbekannte muss mindestens Schuhgröße 45 oder 46 tragen.

Mit einem mulmigen Gefühl in der Magengegend nähern sie sich schleichend wie Indianer dem Lager. Wenn sie Pech haben, ist der Unbekannte in den letzten Tagen im perfekt getarnten Unterschlupf weitab jeder Siedlung wieder eingezogen, dann sind die Falken in echter Gefahr.

In gebückter Haltung nähert sich das Trio dem Erdrutsch. Die Vertiefung ist nur noch zehn Meter entfernt. Heute ist sogar Lukas äußerst nervös. Ein Mann mit solch einer Schuhgröße besitzt bestimmt auch eine stattliche Körpergröße. Wenn er noch dazu bewaffnet ist, dann schweben die Burschen durchaus in höchster Gefahr.

Tobias und Sebastian verstecken sich hinter einer gerade gewachsenen Buche, die mindestens hundertfünfzig Jahre im Wald steht. Schritt für Schritt tastet sich Lukas vor. Immer wieder bleibt er stehen, um zu horchen. Nur hie und da knackt ein Ast in der Baumkrone, ansonsten ist es enterisch still im Wald.

Mutig steigt Lukas nahezu lautlos in die Vertiefung hinunter, er nähert sich der Brettertür. Vorsichtig lugt er bei einem kleinen Spalt ins Innere. Nichts ist zu hören. Mit einem Ruck reißt er die Tür auf und starrt in die finstere Behausung. Dabei sind sämtliche Muskeln in seinem Körper angespannt, jederzeit ist er zur Flucht bereit. Gott sei Dank ist niemand zu erkennen.

»Kommt herunter! Die Luft ist rein!«, schreit Lukas seinen Freunden zu. Nacheinander betreten die Buben den geheimen Verschlag im Wald. »Alles beim Alten. Kommt, lasst uns die Wildkamera montieren«, schlägt der Anführer vor.

Doch er hat sich gewaltig getäuscht, den aufmerksamen Blicken von Tobias ist nicht entgangen, dass sich etwas Neues im Lager befindet. Tobi macht keine Anstalten, die Waldbehausung verlassen zu wollen. Schweigend zeigt er zum Matratzenlager hin.

»Was ist?«, fragt ihn Sebastian verblüfft.

»Seht doch einmal genau hin, er muss in den letzten Tagen hier gewesen sein«, gibt Tobias zur Antwort.

»Blödsinn, hier ist keiner gewesen«, meint Lukas schroff.

Doch nun hat auch Sebastian die Veränderung bemerkt. Sanft bugsiert er den Anführer nach hinten zum Schlafplatz, dann richtet er Lukas' Kopf genau auf die Bretterwand über dem Bett. Schmunzelnd betrachtet dieser das Bild der halbnackten Frau. Plötzlich dämmert es auch ihm.

»Ich glaube, ich spinne. Er zieht wieder ein!«, stößt Luk völlig überrascht aus. Endlich hat er das neue Poster an der Wand entdeckt. Nicht die bekannte, hübsche Miss November 2022 blickt auf die Jungs, sondern Playmate Miss Oktober 2023 strahlt mit zuckersüßem Lächeln in einem knappen roten Badeanzug von der Wand.

Jetzt haben es die Jungs plötzlich besonders eilig. Hastig wollen sie das geheime Lager im Wald nacheinander verlassen. Auf einmal muss Sebastian, der sich als Letzter vom Unterschlupf entfernen will, lautstark niesen.

»Pfui Teufel, du hast mich angeschneuzt!«, schimpft Tobias. Er stößt seinen Freund mit dem Ellenbogen unsanft an und wischt sich mit der flachen Hand über seinen Nacken.

Seine triefende Nase gehört geputzt, deshalb kramt Sebastian aus seinem Hosensack ein weißes Papiertaschentuch, das stark nach Menthol riecht. Er putzt sich die Nase und will das Tuch wieder einstecken.

Dabei bemerkt der Junge nicht, dass er danebengreift und das Schneuztuch lautlos zu Boden fällt. Dann lässt er die Holztür hinter sich zufallen und steigt aus der Verwerfung zu den anderen hinauf. Zurück bleibt das auffällig weiße Taschentuch.

Lukas wiederum verwischt mit einem Buchenzweig sogar die Spuren auf dem Waldboden. Die Jungs möchten nicht, dass der Unbekannte bei seiner Wiederkehr ihr Eindringen bemerkt.

Eilig suchen sie nun in der Gegend nach einem geeigneten Baum oder Busch, an dem sie die Wildkamera montieren können. Sebastian zeigt auf eine kleine Fichte im Unterholz.

»Kannst du vergessen, hier entdeckt er das High-Tech-Gerät gleich. Zu wenige Äste«, nörgelt Lukas. Mehrmals hat er seinem Vater bereits beim Montieren und Ausrichten der Kamera geholfen, das kommt ihm jetzt zugute.

Nur wenige Meter vom Eingang des Lagers entfernt steht ein riesiger Haselnussstrauch. Schön verwachsen sieht es rund um den bestimmt zwanzigstämmigen Busch aus.

»Perfekter Platz!«, jubelt Lukas. Mit geübten Griffen bringt er die Jagdkamera zwischen den Stecken an. Geschickt verteilt er das bunte Laub rundherum. Als zusätzliche Tarnung bricht er ein paar dünne Zweige ab und steckt sie so zwischen die Stämme der Haselnussstaude, dass der Apparat von der Weite nahezu unsichtbar wird. Dann schaltet der Junge auf Aufnahmemodus.

Vorsichtig entfernt sich Lukas im Rückwärtsgang, er möchte den Camcorder noch testen, bevor seine Freunde und er aus dem Wald verschwinden. Sebastian muss sich als Opfer dem Bretterverschlag nähern. Sofort löst die Kamera lautlos aus und Lukas erhält eine Millisekunde später das Bild auf sein Handy.

Nicht ganz glücklich mit dem Ergebnis, justiert er noch einmal nach. Nach einem erneuten Versuch ist Lukas vollends zufrieden. Jubelnd klatschen die Jungs ab und dann verlassen die Falken hurtig den Erdrutschhang.

Fünf Minuten später kommen sie bei ihren Rädern an der alten Schotterstraße an. Vor dem Nachhauseradeln schlägt Tobias vor: »Wir müssen die S-Bande in unsere Pläne einweihen. Schließlich ist Anna beim Auffinden des Lagers dabei gewesen.«

»Papperlapapp, sicher nicht! Die Wildkamera war meine Idee, die sollen sich selbst etwas einfallen lassen. Bis jetzt haben sie überhaupt noch nichts geschafft. Oder habt ihr gehört, dass sie einen Umweltverschmutzer zur Strecke gebracht haben?«, wendet Lukas ziemlich böse ein. Doch auch Sebastian denkt sich insgeheim, dass die S-Bande fairerweise verständigt gehört. Gegen Luk möchte er aber nun nichts sagen, denn dieser kann so richtig aufbrausend werden, wenn ihm etwas gegen den Strich geht.

Erst bei der Einfahrt nach Sierninghofen-Neuzeug merkt Toni, dass irgendetwas mit seinem fahrbaren Untersatz nicht stimmt. Wildfremde Autofahrer hupen ihn von hinten an und grinsen ihm zu. Toni sieht ihr dämliches Grinsen im Rückspiegel. Sogar Passanten lachen ihn aus, als er an ihnen vorüberfährt, und zücken schnell ihre Handys, um eine Aufnahme zu machen.

Verunsichert lenkt Toni seinen VW Passat durch die extrem schmalen Gassen vorbei an der Maria-Lourdes-Kirche nach Altneuzeug. In unmittelbarer Nähe wohnt er. Vor seinem Haus liegt ein winzig kleiner Parkplatz. Nachdem Toni das Auto geparkt hat, steigt er aus und geht zum Heck. Ungläubig starrt er auf das Schild und die nachgezogene Schnur. Sofort dämmert es ihm, dass ihn jemand in der Pichlerner Au beim Ausladen des fauligen Grasschnitts beobachtet haben musste.

Peinlich berührt, überführt worden zu sein, reißt er das Plakat und die Müllschnur vom Wagen. Natürlich fällt Toni die kindliche Schrift auf, und trotzdem kann er sich nicht vorstellen, wer ihm das angetan hat. Mit dem Wort S-Bande kann er wirklich nichts anfangen.

Für ihn ist die Sache abgehakt. Der Überführte schmeißt die Utensilien allesamt in seine Mülltonne. Von Mülltrennung hält der gute Toni, wie man weiß, sowieso nichts.

Bereits wenige Minuten später kursieren in Aschach an der Steyr und in Sierning-Umgebung Aufnahmen des fahrenden schwarzen Pkw mit dem klimpernden Anhang im Internet. Auf Facebook wird es vielfach geteilt und verschickt. Deutlich ist das Plakat mit der Aufschrift »Auverschmutzer Toni! Die S-Bande!« zu sehen.

Max und Anna stecken jedoch nicht dahinter, die Verteiler-Aufgabe haben andere, umweltbewusste Bürger übernommen. Viele rätseln angestrengt, wer sich hinter dem Wort »S-Bande« wohl verbergen könnte.

Nächtliche Feuerpfeile

Weder am Donnerstag noch am Freitag sendet die Wildkamera Bilder auf Lukas' Handy aus der Au. Die Falken müssen sich gedulden. In der Zwischenzeit hecken sie ihren nächsten Streich aus. Da der Wetterdienst für Samstagabend relativ warm voraussagt, möchten sie am Abend beim Lettenstrand Nachschau halten. Bestimmt treffen sich heute Jugendliche zum Feiern.

Als Erster ist Tobias beim Falkenhorst, er klettert die Leiter hoch und öffnet mit seinem Schlüssel das wuchtige Vorhängeschloss. Gespannt wartet er dann im Inneren auf das Erscheinen von Lukas und Sebastian.

Gemeinsam treffen die beiden kurz darauf beim Lager ein. Lukas trägt eine kleine, grüne Kartonschachtel mit nach oben und Sebastian seinen neuen Bogen. Seit ein paar Wochen ist er Mitglied im Freizeitclub der Bogenschützen. Normalerweise schießt er auf Schießscheiben oder auf lebensgroße Kunststofftierkörper im Bogenparcours. Sehr geübt ist Sebastian zwar noch nicht, aber für einfaches Schießen auf kurze Distanzen reicht sein Können bereits aus.

Begeistert sieht sich Lukas den neuen Sportbogen an. »Wow, der sieht echt cool und gefährlich aus. Hast du auch ein paar Pfeile mit? Ich würde so gern schießen«, meint Luk.

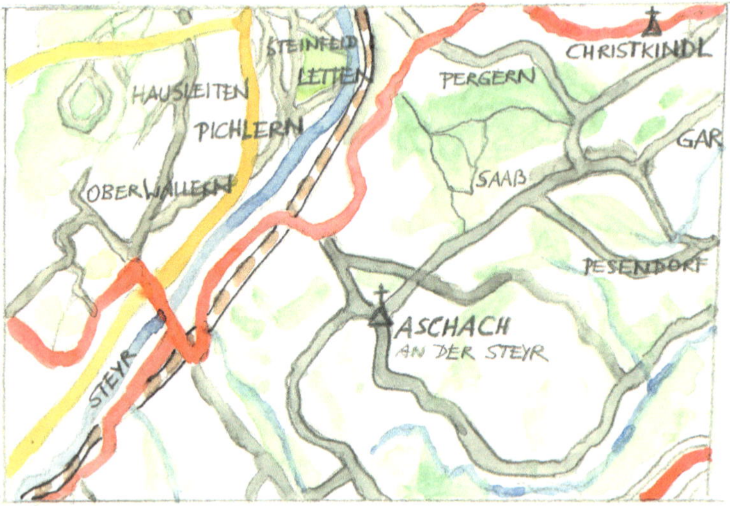
STEINFELD
LETTEN
HAUSLEITEN
PICHLERN
OBERWALLERN
PERGERN
CHRISTKINDL
GAR
SAAB
PESENDORF
ASCHACH
AN DER STEYR
STEYR

LETTEN

Tobias weiß nicht, was seine Freunde im Schilde führen. Er hat als Einziger nichts mitgebracht, darum fragt er genervt: »Wann sagt ihr mir endlich, was wir heute vorhaben?«

Grinsend blickt ihn der Anführer an. Rasch erklärt er ihm die Vorgehensweise für heute Abend. Gespannt lauschen Tobias und Sebastian den Ausführungen.

»Das wird ein Mordsspaß, aber ein gefährlicher!«, gibt Tobias vergnügt von sich. Bis zur Dämmerung vergehen jedoch noch zig Stunden. Um ihr Vorhaben ungefährdet in die Tat umsetzen zu können, muss es auf jeden Fall stockdunkel sein. Deshalb beschließen die drei Freunde, sich bis zum Abend mit dem Bogenschießen die Zeit zu vertreiben. Schließlich müssen sie heute am Abend zielgenau schießen, um keinen Menschen einer Gefahr auszusetzen. Verletzen wollen sie gewiss niemanden, nur erschrecken und wirksam verjagen.

Eifrig gehen die Burschen am nahen Waldrand ans Werk. Fünf spitze Pfeile befinden sich im Köcher aus Leder. Rasch ist ein passendes Ziel für die Übung im Wald ausgemacht und die Jungs schießen auf den Stamm einer Lärche um die Wette.

Bald kristallisiert sich der beste Schütze heraus. Vor der Dämmerung steht fest, wer von ihnen am Lettenstrand die alles entscheidenden Schüsse abfeuern darf. Sebastian will für die Schießübung maximal drei seiner

nagelneuen, teuren Pfeile aufs Spiel setzen, immerhin werden sie nach dem Abfeuern für immer zerstört sein.

Endlich können sich auch die Mitglieder der S-Bande in ihrem Waggon treffen. Paulina und Sophie haben mehr oder weniger gut die gestrige Mathematikschularbeit überstanden. Während sich Paulina noch den Kopf darüber zerbricht, wie viele Beispiele sie fast oder annähernd richtig gerechnet oder gezeichnet hat und ob sich ein Vierer ausgehen wird, geht Sophie natürlich fix von einem Einser auf ihre Arbeit aus. Sie fand die Schularbeit sehr leicht.

Längst wissen die beiden älteren Mädchen über die Aktion am Parkplatz beim Kirchenwirt in Aschach Bescheid. Anerkennend haben sie Max und Anna dazu gratuliert. Sogar im Steyrer Gymnasium kursieren bei Aschacher Schülern die Fotos von Tonis Auto. Nur den Falken müssen sie ihre Tat erst noch mitteilen.

»Was wollen wir nun in Angriff nehmen?«, fragt Sophie ratlos.

»Gezielt müssen wir uns auf Sonntagmorgen vorbereiten. Von dem Müllberg am Strand transportieren wir so viel wie möglich nach Hause. Je mehr, desto besser«, erklärt Anna mit Nachdruck.

Max ist mit ihrem Vorschlag überhaupt nicht einverstanden. Daheim kann er auf keinen Fall unerkannt Müll horten. Seine Mutter hat eine ausgesprochen feine Nase. Darum wendet er ein: »Wie wäre es, wenn wir den Dreck bereits in der Nähe des Zielgrundstücks an der Hauptstraße zwischenlagern. Es wäre echt mühsam, den ganzen Haufen vom Strand herauf in die Saaß zu schaffen und dann morgen in aller Herrgottsfrühe nach Aschach in den Ortskern zu radeln. Anna, das schaffen wir nicht! So zeitig am Morgen können wir gar nicht aufstehen.« Alle geben dem einzigen Jungen in der Bande recht.

»Okay, wir werden schon ein geeignetes Plätzchen für die Zwischenlagerung finden. Nicht weit davon entfernt liegt der Doktorberg. Rechts und links entlang der Straße ist ein kleines Wäldchen, hier können wir den Mist bestimmt vorerst lagern. Soviel ich weiß, befindet sich dort seit rund einem Jahr ein riesiger Holzstoß. Sehen sollte uns halt keiner, sonst stehen wir selbst als Umweltverschmutzer da«, meint Paulina.

»Ausgemacht! Los geht es, wir holen jetzt gleich die erste Ladung. Wie wir aber die schwere Mikrowelle die weite Strecke transportieren sollen, dazu habe ich jetzt noch keine Idee«, sagt Sophie. Nacheinander hüpfen die Kinder aus dem Waggon und machen sich auf zum kleinen Strand in der Nähe der Mühle.

Niemand hat etwas entfernt, der Unrat liegt unverändert auf den Kieselsteinen am Ufer. In große, mitgebrachte Säcke stopfen die Kinder der S-Bande die alten Zeitungen und die Kunststoffabfälle. Bereits beim ersten Beladen der Räder steht fest, dass jeder mindestens dreimal fahren muss.

»Uff, das wird anstrengend. Du hast es gut mit deinem tollen E-Bike unterm Hintern, Paulina.« Sophie ist sichtlich neidisch auf ihre Freundin.

Nach der letzten Fahrt bleibt nur noch die sperrige, altmodische Mikrowelle am Strand zurück. Schleunigst müssen sich Max und die drei Mädchen etwas einfallen lassen, wie sie das unhandliche Elektrogerät ins Zentrum von Aschach befördern können. Schließlich ist darin der entscheidende Hinweis auf den Müllsünder gelegen, es darf bei der Aktion am Sonntag in der Früh auf gar keinen Fall fehlen.

»Lukas, ich glaube, du hast eben eine Nachricht aufs Handy erhalten. Sieh einmal nach, vielleicht ist sie aus der Au«, sagt Tobias. Der Junge muss seit drei Tagen ständig an die Wildkamera denken. Tatsächlich hat diese zum ersten Mal seit der Montage am Mittwochnachmittag ein Foto gesandt.

Nach dem Öffnen gibt Luk enttäuscht von sich: »Verdammt, es ist nur das Hinterteil eines vorbeilaufenden Rehs darauf. Na, wenigstens wissen wir jetzt, dass sie funktioniert. Bald wird unsere Arbeit belohnt, davon gehe ich fix aus. Dann wird nicht der Arsch eines Rehs zu sehen sein, sondern der Hosenboden des Halunken.«

Nun müssen sich die Jungs aber beeilen. Völlig schwarz gekleidet machen sie sich auf den Weg zum Lettenstrand. Lukas hält in einer Hand die gefüllte Kartonschachtel.

Um seinen Hals baumelt sein Profigucker, der ihm auch bei Nacht tolle Sicht beschert.

Tobias hängt sich den Köcher samt den Pfeilen um und Sebastian lässt es sich nicht nehmen, den Bogen mitzuführen. Natürlich hat er auch den Armschutz und ein Isolierband nicht vergessen.

Voll bepackt starten sie ihre Radreise. Nach circa vier Kilometern erreichen sie den Lettenstrand. Zuerst halten sie genügend Abstand zu den geparkten Mopeds und Autos am Straßenrand. Anhand der typischen Automarken können sie bereits erkennen, dass sich lauter Jugendliche am Strand befinden müssen. Mehrere tiefer gelegte Flitzer stehen halb in der Wiese. Auch ein paar PS-starke Sportboliden sind geparkt.

Fünf Mopeds, die Jugendliche ab dem fünfzehnten Lebensjahr fahren dürfen, stehen neben den aufgemotzten, aufwendig lackierten Fahrzeugen. Wenn der Wind dreht, können die Falken das Grölen und Lärmen der Jugendlichen vom Strand herauf hören. Sie überstimmen locker die Geräusche des Steyrflusses. Plötzlich steigt den Jungs auch ein angenehmer Essensduft in die Nasen, es riecht lecker nach gebratenem Fleisch und Würstchen. Die Dämmerung setzt bereits ein, es ist 18.15 Uhr.

»Sie grillen«, meint Tobias knapp.

»Bestimmt verdrecken sie heute Nacht erneut den schönen Strand, wir müssen ihnen eine Lektion erteilen«, spricht Lukas mit ruhiger Stimme.

Schnell stellen die Falken ihre Räder im Gebüsch entlang der Straße ab. Weit genug entfernt lassen sie die Drahtesel stehen, damit sie zur Not unerkannt flüchten können.

Keiner weiß, was in den nächsten Stunden passieren wird. Es könnte für die Falken, die klar in der Minderheit sind, äußerst gefährlich werden. Denn nicht nur zahlenmäßig sind sie den Feiernden unterlegen, sondern auch körperlich, schließlich sind die Anzugreifenden deutlich älter.

Anführer Lukas öffnet seine Kartonschachtel und holt mehrere Gesichtsstifte hervor. Wieder hat er im Jagdzimmer seines Vaters Beute gemacht. Die Tarnstifte gehören dem Löberbauern, der gern einmal im Jahr zur Wildschweinjagd nach Ungarn fährt. Geschickt bemalt Lukas zuerst Tobias das Gesicht. Nur noch die Augen des Jungen leuchten schließlich in der Finsternis hervor, dann ist Sebastian an der Reihe. Zu guter Letzt wird Lukas geschminkt.

Lautlos schleichen sich die drei Jungs näher an die Jugendlichen heran. Das Flackern des Lagerfeuers ist Hunderte Meter weit zu sehen. Immer näher wagen sie sich heran. Drüben am Strand ist die Stimmung bereits sehr ausgelassen. Sie beobachten, dass mehrere Bierkisten im Steyrwasser zum Kühlen stehen. Langsam, aber sicher lösen sich die Papieretiketten von den Flaschen, doch keinen kümmert diese Verschmutzung des Flusses.

Leichte Wellen treiben das dünne Papier fort. Nur die Falken sehen alles mit Argusaugen.

Um alles noch besser ausmachen zu können, müssen sich die drei Freunde ganz nahe an die Party wagen. Gott sei Dank ist die Nacht hereingebrochen. Hie und da sehen sie Sterne am Firmament. Der Mond ist wolkenverhangen und sichelförmig.

Nun sind die drei so nahe am Geschehen, dass sie der Unterhaltung am Feuer fast folgen können. Viele Wortfetzen dringen zu den im Gestrüpp versteckten Falken. Bei den Burschen am Feuer drehen sich die Gespräche um getunte Autos und aufgemotzte Mopeds. Einige hübsche Mädchen sitzen etwas abseits von den Burschen. Ihre Unterhaltung können die Falken nicht verstehen, sie befinden sich zu weit weg.

Flach auf dem Schotterboden liegen Lukas, Sebastian und Tobias nebeneinander. Tollkühn robbt Luk jetzt noch näher heran. Der harte Untergrund schmerzt ihn, als er sich über die Kieselsteine schlängelt. Er möchte durch seinen Nachtsichtfeldstecher erkennen, ob die Jugendlichen bereits Unrat sorglos weggeschmissen haben.

Auf einmal sieht er, wie ein Bursch in Schlangenlinien zur Bierkiste im Wasser stapft. In der Rechten trägt er lässig eine leere Flasche mit. Kurz vor der gekühlten Kiste bleibt der Jugendliche stehen und schmeißt das Glas-

leergut gezielt auf einen in Ufernähe im Wasser herausragenden großen Stein.

Das Krachen beim Zerbersten der massiven Bierflasche lässt die anderen rund ums Lagerfeuer aufhorchen. Keiner sagt ein mahnendes Wort, die Runde verfällt bloß in lautes Gelächter. Dann bückt sich der Übeltäter und holt sich die nächste Bierflasche aus der Kiste. Anscheinend hat er ein Feuerzeug oder einen Öffner dabei. Mit einem Ruck öffnet er die Flasche und setzt sie sogleich an den Lippen an. Die Bierkapsel aus Eisen schmeißt er ohne Bedenken meterweit weg.

Dann vernehmen die Falken einen grollenden Rülpser. Mehr als cool schlendert der Bursch zurück zum Lagerfeuer und lässt sich neben einem Mädchen nieder. Sie legt ihren Arm um ihn, anscheinend ist es seine Freundin.

»Elendiges Schwein! Und seiner Prinzessin graust auch vor nichts!«, entfährt es wütend Luk. Langsam robbt der Anführer wieder zurück zu seinen gut getarnten Freunden. Sie haben genug gesehen. Flink treten sie den Rückzug an. In der Nähe ihrer versteckten Räder wollen sie die weitere Vorgehensweise besprechen.

Tatsächlich schafft es die S-Bande, auch die Mikrowelle vom Strand ins Ortszentrum zu befördern. Paulina hat die rettende Idee bei der letzten Rückfahrt. Bei ihr zu Hause in der Garage steht ein Handleiterwagen, den borgen sich die vier Kinder für eine Stunde aus. Abseits der viel befahrenen Straße hängt ihn sich Max an seinem

Fahrrad an. Die restliche Strecke zieht ihn Sophie zu Fuß. Ansonsten fährt die Zwölfjährige auf dem Paketträger von Paulina mit.

Nach dem Aufladen und Festbinden der ausrangierten Mikrowelle geht es für die S-Bande mühsam bergauf. Der Holzleiterwagen rollt unrund auf der Straße dahin, seine vier Räder sind mit Metall beschlagen und weisen alle einen Achter auf. Am meisten plagen müssen sich die Kinder am Doktorberg. Seine Neigung ist unheimlich steil.

Um halb sieben Uhr abends haben sie es endlich geschafft. An ihrem geheimen Sammelplatz im Wald laden sie rasch das Elektrogerät ab. Sie schichten zur Tarnung Laub und Äste darüber und radeln anschließend schleunigst nach Hause. Heute möchten sie bald zu Bett gehen, denn bereits um vier Uhr morgens müssen sie sich von ihren Wohnhäusern unbemerkt wegschleichen. Bereits um Viertel nach vier wollen sie sich mitten im Ort für ihre nächste Tat als Umweltsheriffs treffen.

»Eines sage ich euch, die Aschacher werden schön schauen! Die Fotos der Falken auf der Gemeindehomepage übertreffen wir mit unserer Aktion locker«, frohlockt Max voller Vorfreude.

In der kurzen Nacht träumt Anna sehr intensiv. Alles kommt ihr im Traum durcheinander. Die Mikrowelle vom Strand steht plötzlich im Schneestangenverschlag in der Pichlerner Au. Dazwischen sieht sie immer wieder den hämisch lachenden Lukas, der triumphierend auf einem

Müllberg steht und die rechte Hand in die Höhe reißt, als hätte er etwas gewonnen. Die Kleine rollt sich in ihrem kuscheligen Bett hin und her. Unaufhörlich bewegen sich die Zeiger ihres Weckers voran.

»Habt ihr den Drecksack gesehen? Er hat einfach eine Flasche im Uferbereich zerdroschen. Hunderte spitze Splitter liegen jetzt überall herum. Der spinnt vielleicht! Wir werden es ihnen zeigen. Kommt, jagen wir sie davon!« Lukas ist außer sich. Wild gestikulierend fordert er seine Freunde auf, umgehend ihren Plan in die Tat umzusetzen.

Doch für Sebastian passt das Timing nicht, er wendet ein: »Beruhige dich! Wir treffen zuerst ganz in Ruhe unsere Vorbereitungen, es darf später nichts schiefgehen. Reich mir deine Schachtel, Luk. Und du Tobias, hältst mir den ersten Pfeil. Pass auf, dass du die Federn nicht abbiegst, sonst fliegt er später eine Kurve und ich treffe nicht.«

Alle fünf Pfeile präparieren die Jungs. Das mitgebrachte Isolierband wickeln sie vorn um die Spitze herum, gezielt schieben sie vorsichtig zwischen Isolierband und Pfeilspitze eine kleine Kunststoffpatrone.

»Passt gefälligst auf, die kleinen Biester explodieren bei der kleinsten Erschütterung!«, warnt sie Luk. Sorgfältig prüft Sebastian noch ein letztes Mal sein Equipment. Zufrieden mit seiner Arbeit hängt er sich den Köcher und den Bogen um. Als eindeutig bester Schütze muss ihm

Lukas heute den Vortritt lassen. Normalerweise übernimmt der Anführer der Falken gern die Vorreiterrolle in der Clique.

»Mir nach! Es kann losgehen, die Jagd auf die Umweltsünder beginnt von Neuem!«, flüstert Lukas siegessicher. Die Zeiger der Uhr stehen auf halb elf Uhr in der Nacht. Extrem langsam bewegen sich die Falken vorwärts. Auf jedes Geräusch in ihrer Nähe reagieren sie. Ihre Tarnung ist nahezu perfekt. Wie nächtliche Schatten schleichen sie sich an.

Drüben bei den Jugendlichen am Strand ist die Party jetzt in vollem Gang. Immer ausgelassener wird die Stimmung, der Alkohol, der reichlich fließt, tut seine Wirkung. Die Buben reden nicht mehr über Autos, sondern haben sich unter die Mädels gemischt. Pubertierendes Flirten liegt in der Luft. Ab und zu entfernt sich ein Pärchen, um abseits ungestört zu quatschen oder unbeobachtet zu knutschen.

»Ich brauche freie Sicht auf das Feuer, sonst wird es zu gefährlich. Zu nah am Feuer darf auch keiner sitzen«, sagt Sebastian unschlüssig. Er fürchtet sich vor dem ersten Abschuss eines Pfeils. So knapp vor der Umsetzung bekommt der Junge weiche Knie. Jetzt liegt es alleinig bei ihm, wann er den Bogen anlegt und schießt. Keiner drängt ihn, auch Lukas nicht. Dieser liegt erwartungsvoll wenige Meter hinter Sebastian gleich neben Tobias auf dem feuchten Untergrund.

Um schießen zu können, muss sich Sebastian erheben. Langsam steht der Junge auf. Kein Mucks ist zu hören. Nun ist der richtige Augenblick gekommen.

Am Feuer haben sich alle von ihren Plätzen erhoben. Gruppenweise stehen die etwa fünfzehn Jugendlichen beisammen. Sie wollen sich gekühlte Getränke vom circa zehn Grad kalten Fluss holen, und einige gehen zum Waldrand, um ihre Notdurft zu verrichten, das viele Bier drückt auf ihre Blasen.

Sebastian darf nun nicht mehr länger zögern. Das Lagerfeuer ist verlassen, im Umkreis von mindestens fünfundzwanzig Metern steht keiner mehr. Der Schütze legt an und feuert den ersten Pfeil ab. Ein leises Zischen ist in der Luft zu hören. Eine Sekunde später landet der Pfeil mitten im Feuer.

Einige der Jugendlichen horchen auf und drehen ihre Köpfe hinüber zur Feuerstelle. Plötzlich, innerhalb eines Bruchteils einer Sekunde, detoniert der von den Falken vorn an der Spitze montierte Knallkörper, diesen hatte Sebastian vom letzten Silvesterfest übrig. Ein halbwegs lauter Knall ist zu hören und das Feuer flackert bedrohlich hell auf.

Wie angewurzelt bleiben die Feiernden stehen und stieren zum Lagerfeuer. Sebastian legt sofort nach und feuert den zweiten Pfeil ab, auch dieser fliegt geradewegs in die Feuerstelle und erzeugt einen lauten Rumps.

Mit einem Mal springt Lukas auf und beginnt zu schreien: »Verschwindet, ihr Strandverschmutzer! Schert euch zum Teufel, sonst erlebt ihr euer blaues Wunder! Robin Wood ist euch auf den Fersen!«

Um etwas Vorsprung zu erhalten, legt Sebastian den dritten Pfeil an und schießt ihn genauso treffsicher auf das Feuer ab. Noch lauter als die ersten beiden zündet dieser Knallkörper.

Ängstlich kreischen einige Mädels auf. Das ist ihnen zu viel. Doch die angetrunkenen Burschen wollen sich nicht so schnell vertreiben lassen, angriffslustig und mutig blicken sie in Richtung Böschung. Sie können niemanden erkennen, und doch nähern sich bald mindestens vier groß gewachsene Burschen den Falken.

»Rückzug!«, ruft Tobias. Die drei Jungs nehmen ihre Beine in die Hand und laufen durchs dichte Holz in Ufernähe. Nur noch ein kleiner Anstieg trennt sie von ihren rettenden Rädern. Ihre Verfolger haben einen schweren Nachteil, ihre Augen sind durch das helle Feuer die Dunkelheit noch nicht gewohnt. Fast blind versuchen die Angegriffenen die Falken zu verfolgen.

Wenige Meter vor seinem Rad stürzt Sebastian der Länge nach hin. Er hat am schwersten zu tragen. Sein Bogen hat sich unzählige Male in den Sträuchern verhängt. Tobias läuft ein paar Schritte nach hinten und hilft ihm auf.

Lukas ist als Erster bei seinem Rad, natürlich wartet er auf seine Freunde. Endlich schaffen es auch Tobias und Sebastian. Hurtig besteigen sie ihre Drahtesel und treten in die Pedale, als wäre eine Meute hungriger Wölfe hinter ihnen her. Leise hören sie beim Wegfahren noch die wütenden Schreie ihrer Verfolger.

»Glück gehabt!«, stößt Tobias erleichtert aus. An Schlaf können die Falken nun nicht denken, zu viel Adrenalin haben sie auf ihrer Flucht ausgestoßen. Bis drei Uhr in der Früh sitzen sie im Falkenhorst beisammen und beweihräuchern sich selbst ob des gelungenen Streichs, den sie den Strandverschmutzern gespielt haben.

Lukas hat sein Handy in seinem Schlafzimmer gelassen, und so bekommt er nicht mit, dass genau um drei Uhr früh die Jagdkamera eine tolle Aufnahme aus der Au sendet.

Ohne zu Hause noch einmal auf sein Handy zu schauen, schläft Lukas erst gegen vier Uhr ein. Die Nacht wird kurz, denn morgen muss er die Eltern um halb neun Uhr zum Kirchgang begleiten.

Zur selben Zeit läuten bei den vier Mitgliedern der S-Bande die Wecker in ihren Kinderzimmern. Rund zehn Minuten später entfernen sich die Kinder lautlos von den Häusern. Sie treffen sich oben an der Hauptstraße bei der Schulbushaltestelle am Waldrand.

Kühl und finster ist es am Sonntagmorgen. Nachdem sie ein paar Worte geplaudert haben, radeln sie los. Anna muss aufpassen, sie hat hinten am Rad einen Holzstecken und das vorgefertigte Schild unter ihren Paketträger geklemmt. Max führt einen Hammer und zwei Nägel mit. Es geht zügig bergab.

Nach nicht einmal fünf Minuten erreichen sie die Sammelstelle am Doktorberg, wo sie den Müll vom Steyrufer gelagert haben. Eilig laden sie ihn auf ihre Räder auf. Ihr Zielort liegt an der Hauptstraße. Das Haus des Strandverschmutzers, der auch nicht davor zurückschreckte, eine Mikrowelle am Fluss zu entsorgen, steht nur wenige Meter von der Kirche entfernt. Vom Kriegerdenkmal aus hat man einen guten Blick auf den Vorgarten des kleinen Häuschens. Ganz gepflegt sieht der Rasen aus. Jetzt noch! Doch das wird sich gleich ändern.

Max hat Erkundigungen über den Mann angestellt, er wohnt hier allein und hat einen ganz normalen Job. Äußerst unauffällig soll er laut Aussage von Max' Mutter sein.

Ohne ein Wort zu sprechen, türmen die Kinder den Müll im Vorgarten auf. Zum Schluss stellt Max die schwere Mikrowelle auf den höchsten Haufen im Garten. Vorsichtig öffnet er sie, damit die später Vorbeigehenden freie Sicht auf die hineingestopften Zeitungen haben.

Daneben rammt Anna mit Sophies Hilfe den Holzpflock samt dem vorab montierten Schild in die Erde. Unter dem Schild kleben die beiden einen A3-großen Fotoausdruck vom Fundort des Mülls an der Steyr auf. Zwei

Farbfotos sind darauf zu sehen. Auf dem linken sieht man den gesamten verschmutzten Strandbereich. Hingegen erkennt man auf dem rechten in Großformat nur den Ausschnitt einer Zeitung. Darauf stehen groß der Name und die Adresse des Hausbesitzers an der Hauptstraße.

Zufrieden mit ihrem Werk blickt die S-Bande in den zugemüllten Vorgarten. Paulina schießt noch ein paar Fotos mit ihrem Handy. Dann verlassen die vier mit ihren Fahrrädern das Ortszentrum. Bereits kurz nach halb sechs Uhr morgens liegen sie wieder unschuldig in ihren Betten. Kaum erwarten können es die Kinder, heute in die Kirche zu gehen.

Am Kirchenplatz

»Papa, komm, wir müssen heute überpünktlich in der Kirche sein. Anna und ich singen aushilfsweise mit der Jungschar ein paar Lieder!«, treibt Sophie ihren Vater an. Widerwillig legt er seine Zeitung zur Seite, das ständige Drängen seiner Töchter hält er am Sonntagmorgen nicht aus, da gibt er lieber gleich nach.

Gegen Viertel nach acht trifft die Familie am Kirchenplatz ein. Der Vater lässt seine Mädels aus dem Auto springen, er muss erst noch einen Parkplatz im Ortszentrum suchen. Die Besucher des Frühgottesdiensts kommen soeben aus der Messe. Viele Gläubige gehen an der Rückseite aus dem Gotteshaus, vorbei am Kriegerdenkmal. Sogleich versammelt sich eine Traube von neugierigen Menschen vor dem Haus an der Hauptstraße. Bestimmt haben die Leute bereits vor dem Kirchgang den unübersehbaren Misthaufen im Garten entdeckt.

Anna und Sophie mischen sich unter die Erwachsenen. Beeilung ist angesagt, denn die nächste Messe beginnt bereits in fünfzehn Minuten und Anna will vorher unbedingt die versammelten Bürger aufklären, was es mit dem Müllberg auf sich hat.

»So eine Schweinerei! Ich läute einmal bei Herbert an, der muss sich seinen Vorgarten ansehen. Einem ehrenwerten Bürger so etwas anzutun, ist eine Unverschämtheit«, meint nun ein etwa Sechzigjähriger namens Karl, der glatt glaubt, jemand hätte den Garten seines Bekannten heimtückisch verwüstet. Schnurstracks geht er durch den Vorgarten hinüber zur Haustür. Doch nach mehrmaligem Läuten gibt der Mann auf. Zahlreiche Augenpaare beobachten die Szene.

»Es ist keiner daheim, Karl«, sagt eine pensionierte Landwirtin, »soweit ich weiß, ist Herbert übers Wochenende zu seiner Schwester ins Mühlviertel gefahren.«

»Nanu? Was steht da auf dem Schild? ›Hier wohnt ein Aschacher Umweltverschmutzer! Die S-Bande!‹. Also, von dieser Bande habe ich noch nie etwas gehört«, meint eine hochbetagte Frau, die besonders neugierig ihre Nase in den fremden Vorgarten hält.

Nun mischt sich Anna ins Geschehen ein, sie drängelt sich ganz nach vorne an den Gartenzaun. Sogleich spricht sie laut und deutlich: »Ja, sehen Sie es denn nicht, der liebe, doch nicht so ehrenwerte Herr Herbert hat selbst diesen gesamten Müll unten bei der Steyr hingeschmissen. Schauen Sie die Bilder genau an! Kommen Sie näher! Auf den Fotos erkennt man, dass dieser Unrat zuvor am Steyrufer gelegen sein muss. Sogar seine alte Mikrowelle hat er dort entsorgt. Auf dem rechten Beweisbild stehen auf einer Zeitung sein Name und seine Adresse darauf. Es geschieht ihm ganz recht, dass ihn jemand als Umweltsünder enttarnt und überführt hat.«

Sofort drängen sich die Umherstehenden eng an die Gartenabgrenzung aus Holzlatten heran. Karl, noch immer im Vorgarten, steht der Mund offen. Prüfend holt er mehrere gefaltete Zeitungen aus der Mikrowelle hervor und hebt sie in die Höhe. Erstaunt stellt er fest: »Die Kleine sagt die Wahrheit, der Müll stammt eindeutig vom Herbert. So ein ausgeschamter Mistkerl! Er ist mir ja noch nie sympathisch gewesen! Na, der kann etwas erleben, wenn er wieder nach Hause kommt. Den zeige ich heute noch höchstpersönlich am Posten in Garsten an. Sauerei, den schönen Strand so zu verunstalten. Schließlich gehört unsere Steyr zu den saubersten Flüssen von Österreich, das soll auch in Zukunft so bleiben.«

Als begeisterter Fischer fühlt sich Karl auch verantwortlich und wettert weiter: »Schmutzfink, lausiger! Wozu haben wir ein Sammelzentrum in der Gemeinde und obendrein ein funktionierendes Müllabholsystem? Mir scheint, als gäbe es in Aschach in den letzten Tagen ein paar spitzfindige Umweltschützer. Hoffentlich bringen sie noch mehr Sünder zur Strecke. Also ich freue mich darauf! Den Dreckschweinen soll das Lachen vergehen!«

Mit hochrotem Kopf beendet Karl seine Schimpfrede und verlässt den Garten an der Hauptstraße. Schnurstracks begibt er sich zu seinem silbernen Mercedes, unverzüglich will er zum Polizeipräsidium fahren und eine Anzeige wegen Umweltverschmutzung erstatten.

Anna und Sophie ist gar nicht aufgefallen, dass sogar Lukas und sein Vater unter den Beobachtern stehen. Sie haben bereits die Frühmesse besucht. Luk grinst in sich hinein, die Szene gefällt ihm durchaus. Er findet, dass die S-Bande dieses Mal eine tolle Aktion gesetzt hat. Von der Nummer mit dem schwarzen VW Passat hat der Anführer der Falken auch längst gehört.

»Jetzt sind sie gleichauf mit uns«, denkt der Bub. Immer mehr Kirchgänger tummeln sich an der Hauptstraße. Während die Mädels in die Kirche gehen, begleitet Lukas seinen Vater zum Jägerstammtisch beim Kirchenwirt. Frankfurter Würstchen und Almdudler warten auf ihn. Sein Vater wird sich wohl das eine oder andere Bier zu den Würsteln genehmigen. Auf jeden Fall kann es nicht schaden, aufmerksam zuzuhören, wenn sich die Erwachsenen unterhalten.

Wie ein Lauffeuer verbreitet sich die Nachricht von Herbert, dem Umweltverpester. Die beiden Schwestern staunen nicht schlecht, als sogar der Herr Diakon in der Messe die Umweltverschmutzer in seiner Predigt zum Schluss erwähnt. Mahnend richtet er die Worte ans Kirchenvolk, dass der Mensch die Schöpfung ehren solle und jeder seinen Beitrag leisten müsse, damit künftige Generationen Mutter Erde als ihre irdische Heimat genießen können.

Am Ende der Messe nach den Verlautbarungen erzählt der Theologe den Gläubigen sichtlich aufgewühlt noch eine Neuigkeit. In der weltbekannten Nachbargemeinde Christkindl haben in der vergangenen Nacht Unbekannte ins Pfarrhaus eingebrochen und einen Tresor samt Inhalt gestohlen. Betroffen sehen sich die Kirchgänger in den Eichenbänken gegenseitig an. Gespannt lauschen sie den Ausführungen vorn am Rednerpult.

Da dem Diakon erst in der Pause zwischen den beiden Messen die Neuigkeit aus Christkindl übermittelt wurde, weiß Lukas davon noch nichts.

Auch Tobias sitzt in der Kirche. Seit seiner Erstkommunion ist er braver Ministrant. Sofort beginnen im Kopf des Jungen die Gedanken zu kreisen: »Wäre echt cool, wenn die Falken den oder die Einbrecher zur Strecke bringen würden.«

Im selben Moment denkt sich oben auf der Empore im Chorbereich die kleine Anna: »Das wäre eine tolle Detektivaufgabe für die S-Bande. Als Umweltsheriffs waren wir nun schon erfolgreich. Auf jeden Fall müssen wir uns der Sache vor den Falken annehmen.«

Nach der Messe spricht die Pfarrgemeinde am gepflasterten Vorplatz ausschließlich über Herbert und über den brandaktuellen Diebstahl in der Nachbargemeinde.

Währenddessen sitzen die Männer der Jägerschaft samt Luk beim Kirchenwirt und stecken die Köpfe zusammen. Ernst, ein Jagdkollege des Löberbauern, kommt erst jetzt bei der Wirtsstube hereingestürmt und setzt sich auf das Eck der Sitzbank. Sofort ergreift er das Wort und bedeutet den anderen mit der Hand, still zu sein und ihm zuzuhören. »Ihr wisst doch, meine Schwester, die Martha, ist Pfarrersköchin in Christkindl. Stellt euch vor, welchen Schreck die heute in aller Herrgottsfrüh bekommen hat. Ihr Herr Pfarrer ist gerade auf Exerzitien in Tirol, ihr wisst schon, das sind so geistliche Übungen, damit er noch katholischer wird. Martha wollte bloß nach dem Rechten schauen und die Blümlein gießen. Anscheinend war die Tür des Pfarrhauses brutal aufgebrochen, jedenfalls hat sie den Schlüssel gleich in ihrer Tasche lassen können, den hat sie nicht mehr gebraucht«, erzählt er vom Einbruch.

Aufgeregt fährt Ernst fort: »Gar nicht hineingetraut hat sie sich. Gezittert hat sie vor lauter Angst am ganzen Körper. Erst als die Bullen angerückt sind, hat sich Martha ein Bild vom Ausmaß machen können. Jedes Kastl und jede Lade haben die gottlosen Räuber durchwühlt. Alles ist verwüstet! Im Büro vom Herrn Hochwürden haben sie mit einer Brechstange, die sie übrigens liegen gelassen haben, den Möbeltresor herausgerissen. Stellt euch vor, da ist das Geld von der Caritashaussammlung und vom letzten Pfarrflohmarkt darin. Bestimmt ein paar Tausender! Jetzt ist die Kripo vor Ort. Meine Schwester muss mit den Beamten alles durchsehen, ob noch mehr fehlt. Ihr Herr Pfarrer, der Ahnungslose, weiß noch von nichts.«

Sofort gibt der Löberbauer ganz außer sich vor Aufregung lautstark seinen Senf dazu: »Wisst ihr was, ich wäre da rigoros, wenn ich die Verbrecher bei mir daheim am Hof auf frischer Tat erwischen würde ... Beim Herrgott, ich könnt für nichts mehr garantieren. Allesamt mit dem Gewehr verjagt gehören die! Mein Finger am Abzug würde auf jeden Fall locker sitzen, das schwöre ich euch. Kurzen Prozess muss man mit solchen Halunken machen, kurzen Prozess!« Nickend stimmen ihm die Sitznachbarn zu.

Lukas hat genug gehört. Es ist ihm unangenehm, seinem Vater in Rage zuzuhören, denn dieser neigt beim aufgebrachten Sprechen zu einer ohrenbetäubenden Lautstärke und zu einem unkontrollierten Spucken. Schleunigst muss Luk auf den Sonnenhang zurück. Nach einer kurzen Verabschiedung läuft er beim Wirtshaus hinaus.

Zu Fuß macht sich der Bub auf den Weg. Sein Handy hat er zu Hause auf dem Nachtkästchen liegen gelassen. Seit gestern am Abend hat er nicht mehr auf sein Display gesehen. Im Laufschritt erreicht der Junge nach einer halben Stunde endlich sein Zimmer. Hastig greift er nach seinem Telefon. Vier Anrufe von Tobias und Sebastian sind darauf und sechs Whatsapp-Mitteilungen. Die am längsten zurückliegende Nachricht ist aber nicht von seinen Kumpels, sondern stammt aus der Pichlerner Au von der Wildkamera. Hastig wischt der Junge auf seinem Handy herum.

»Mich laust der Affe! Ist denn das möglich?«, schreit er plötzlich. Angestrengt starrt er auf die Bilder von mitten in der Nacht. Sie sind schwarz-weiß, doch es ist klar und deutlich eine Person darauf abgelichtet.

Für eine Schreibnachricht fehlen dem Anführer die Zeit und die Geduld. Eilig wählt er zuerst Sebastians Nummer, und nachdem sein Freund abgehoben hat, schreit Lukas aufgebracht ins Telefon: »Treffpunkt Falkenhorst! Jetzt sofort! Dringend!« Dann legt er auf und wählt die Nummer von Tobias. Erneut schreit er dieselben knappen Worte ins Telefon.

Obwohl es sonst nicht seine Art ist, hat Lukas im Alleingang beschlossen, auch die S-Bande in die neuesten Entwicklungen einzuweihen. Da Anna beim Auffinden des Schneestangenverschlags dabei gewesen ist, möchte Lukas die Gegenbande mit ins Boot holen. Außerdem hat die S-Bande mit ihrer letzten Aktion wirklich Mut bewiesen, das gefällt Lukas.

Nur eine Minute später hat er Max am Apparat. Natürlich verständigt dieser umgehend seine Freundinnen Paulina, Anna und Sophie.

Geschlossen erreicht die S-Bande nach einer halben Stunde den Falkenhorst. Der Bauernhof des Löberbauern liegt nicht weit entfernt vom Sonnenhang. Tobias und Sebastian treffen als Letzte ein. Weil es im Jägerhochstand so eng ist, rutscht Lukas geschwind die Feuerwehrrutschstange nach unten zu den anderen.

»Kommt mit in mein Zimmer!«, fordert er sie auf. Durch das nördliche Holztor erreichen sie den Innenhof des Vierkanters. Vorbei am Hundezwinger müssen sie, sofort bellt Jagdhund Brutus aufgeregt und wedelt hinterm Gitter mit dem Schwanz.

»Sei still! Geh Platz!«, schreit Lukas das Tier an. Winselnd legt sich der Kurzhaarrüde beleidigt in eine Ecke. Aufmerksam sieht er den Kindern nach, als sie durch die Innenhofhaustür den Wohntrakt betreten. Hinter ihnen fällt die massive Eichentür ins Schloss.

Im ersten Stock befindet sich Lukas' riesiges Jugendzimmer. Hell und freundlich ist das Erkerzimmer mit insgesamt vier Fenstern. Bis jetzt sind Paulina und die zwei Schwestern noch nie dort oben gewesen. Sie ahnen alle, dass er ihnen etwas furchtbar Wichtiges zu erzählen hat. Schweigend nehmen sie auf dem Bett, einem Sofa und auf Stühlen Platz, Lukas hat bereits alles vorbereitet. Am Schreibtisch läuft sein Laptop, der Bildschirmschoner befindet sich in einer Endlosschleife.

»Schieß los, was hast du Wichtiges für uns?«, hält es Max vor lauter Neugierde nicht mehr aus. Lukas drückt auf die Entertaste auf dem Computer und ein gestochen scharfes Schwarz-Weiß-Foto wird sichtbar. Staunend starren die Mitglieder der S-Bande und der Falken auf den Monitor.

Deutlich ist die seitliche Aufnahme eines fremden Mannes zu sehen. Details können die Kinder keine erkennen, als Oberbekleidung trägt der Unbekannte einen weiten Parka mit Kapuze über den Kopf. Anscheinend hält die Person etwas Größeres gebückt in seinen Händen.

Erst jetzt erkennt Anna, dass es eine Aufnahme aus der Au sein muss. Neben dem Mann sieht man einen Baumstamm und vor ihm liegt die Brettertür des geheimen Verschlags im Hangrutschgebiet. Völlig baff sitzen die sechs in Luks Zimmer.

»Sag, habt ihr eine Wildkamera angebracht?«, bricht Max sein Schweigen. Nun beschreibt ihnen Lukas die Vorkommnisse vom Mittwochnachmittag. Er erklärt der S-Bande auch, warum er sie bei der Jagd nach dem Mysteriösen einweihen möchte: »Ich finde, wir sind jetzt gleichauf. Ihr habt Toni und Herbert zur Strecke gebracht und wir haben Hans und den Jugendlichen am Lettenstrand ordentlich Feuer unter dem Hintern gemacht. Natürlich nur sprichwörtlich. Das hier ist etwas völlig anderes. Wenn ihr wollt, können wir den geheimnisumwitterten Mann gemeinsam observieren und entlarven.« Luk blickt in die Runde, natürlich nicken ihm die anderen beifällig zu.

»Okay, abgemacht. Wir gehen gemeinsam auf die Jagd nach dem Unbekannten in der Au. Warum wollen wir ihn eigentlich entlarven? Hat er etwas angestellt? Sich im

Wald aufzuhalten ist doch nicht verboten«, wirft Tobias ein.

»Also mir genügt es, dass er verdächtig ist. Man muss sich fragen, warum baut ein Erwachsener einen schwer einsehbaren Unterschlupf mitten im Wald? Der muss einfach Dreck am Stecken haben, oder? Was glaubt ihr? Bestimmt versteckt er sich vor irgendetwas«, spricht Max und sieht dabei einen nach dem anderen an.

Sophie gehen die Worte des Diakons nicht aus dem Kopf, deshalb erwähnt sie: »Wenn wir ihn geschnappt und herausgefunden haben, was er getan hat, dann könnten wir doch gemeinsam den Räuber vom Pfarrhaus jagen.«

»Alles nacheinander! Aber warum nicht. Zuerst werden wir dem Mann in der Au eine Falle stellen. Vielleicht ist er auch ein gesuchter Verbrecher und wir bekommen eine satte Belohnung. Wer weiß das schon? Erst dann widmen wir uns einer neuen Aufgabe«, meint Anna.

Schnell besprechen die sieben Kinder ihren Plan für diesen Nachmittag. Jetzt müssen sie vorerst einmal nach Hause zum Mittagessen.

Derweil erwacht erst gegen Mittag der Mann mit dem dunkelgrünen Parka auf seiner Schlafpritsche. Sein nächtlicher Ausflug ist mehr als kräftezehrend gewesen. So schuften musste er schon lange nicht mehr. An die harte Matratze im Unterschlupf muss er sich erst wieder gewöhnen, schließlich war sein Bett in der Justizanstalt

Asten wesentlich komfortabler. Zurück will er dennoch auf keinen Fall. Eingesperrt zu sein hasst der mehrmals Vorbestrafte wie die Pest.

Bei einem Freigang vor drei Tagen war er abends nicht mehr in den Knast zurückgekehrt. Seitdem wird er in ganz Oberösterreich intensiv gesucht. Doch hier im Wald in Pichlern fühlt er sich sicher, vielleicht zu sicher. Für die täglichen Nachrichten ist er eine Nummer zu klein. Nur in Polizeikreisen ist sein Verschwinden bekannt. Erst wenn er genug Geld zusammenhat, kann er sich ins Ausland absetzen, so sein Plan.

Die Au in Pichlern kennt der Mann wie seine Westentasche, als Kind war er wochenlang zu Besuch bei seiner Tante, weil seine alleinerziehende Mutter in Linz arbeiten musste. Vor dem Antritt seiner letzten Haftstrafe hat er sich in weiser Voraussicht das Lager im Wald gebaut und Essensvorräte eingelagert.

Nun will er erst einmal draußen am Fluss sein Gesicht waschen, damit er munter wird, und danach möchte sich der Kleinkriminelle ein Dosengulasch wärmen. Dazu legt er nun ein kleines Fichtenscheit im Ofen nach. Etwas streng gehen die verrosteten Scharniere des Bummerlofens auf und zu. Die Restglut entfacht sofort das Holz und es knistert hörbar.

Zufrieden zieht er seine Kapuze über den Kopf und öffnet langsam die Brettertür. Eine Hand hat er für alle Fälle auf seinem Springmesser parat. Er blinzelt beim Hinausgehen, weil sich seine Augen erst an die Helligkeit gewöhnen müssen. Im selben Moment schießt die in unmittelbarer Nähe angebrachte Wildkamera eine Bildserie. In Echtzeit bekommt Lukas eine Nachricht auf sein Mobiltelefon.

Es sollen die letzten Aufnahmen sein, denn Lukas hat vor der Installation vergessen, den Energiestand des Akkus zu überprüfen, und nun fällt die Wildkamera ohne sein Wissen aus.

»Lukas, dein Handy hat gebrummt!«, ruft die Mutter aus der Küche. Sie steht am Tischherd und wendet die Schnitzel in der Pfanne. Sofort eilt der Bub herbei, greift sich sein Telefon und drückt ein paar Tasten. Wie angewurzelt bleibt er neben der Tür zur Stube stehen. Eine Bildserie von insgesamt zehn Aufnahmen aus dem Wald ist zu sehen. »Es geht los!«, jubelt der Anführer der Falken innerlich.

Schnell schnappt sich der Bub ein kleines Schweineschnitzel und stopft es sich in den Mund. »Danke Mama, lecker! Ich kann heute erst später essen, die Jungs brauchen mich dringend!«, lügt er seine Mutter mampfend an. Ins Kochen vertieft, blickt diese nicht einmal hoch und murmelt: »Ist gut, Liebling.«

Lukas läuft hastig hinauf in sein Zimmer. Dort wählt er Sebastian an, doch der hebt nicht ab. Auch Tobias dürfte gerade beim Mittagstisch sitzen. Als Max ebenso nicht rangeht, beschließt Lukas, sein Glück allein zu versuchen.

Zu neugierig ist der Junge, er will endlich das Gesicht des unbekannten Mannes bei Tageslicht sehen. Außerdem spielt er gern den Helden.

Frisch gewaschen und kurz ausgetreten nähert sich der von der Polizei Gesuchte seinem Unterschlupf. Als er die Tür zur Behausung öffnet, fällt ihm plötzlich etwas auf dem Waldboden auf, ein weißer Papierfetzen liegt genau vor seinen Füßen.

Schnell bückt sich der Einmeterneunzigmann und hebt das Ding mit gespreiztem Daumen und Zeigefinger hoch. Er dreht und wendet es in seiner Hand, dann schnuppert er daran. Eindeutig Menthol! »Scheiße!«, entfährt es ihm. Nun hat es der Verbrecher mehr als eilig, er muss dringliche Vorbereitungen treffen.

In der Falle

Pfeifend entfernt sich Lukas mit seinem Fahrrad vom elterlichen Hof. In einer Hosentasche steckt sein Handy, in der anderen sein Leatherman. Dieses vielseitig einsetzbare Multitool hat er von seinem Taufpaten zum 13. Geburtstag bekommen. Stolz trägt er es in der Freizeit stets mit sich herum.

Noch immer hat sich keiner seiner Freunde bei ihm zurückgemeldet, doch das hindert ihn nicht an der Umsetzung seines Plans. Er will im Alleingang den Unbekannten aus sicherer Entfernung im Wald filmen und fotografieren.

Achtzehn Minuten später gelangt er auf seinem Drahtesel in die Au. Um nicht gehört zu werden, lehnt er nach wenigen Metern sein Mountainbike beim Stamm einer Rotbuche an. Die letzten paar Hundert Meter bewegt sich Luk zu Fuß fort.

Endlich kommt er zu dem Eisengeländer, an dem sich Sophie festgekrallt hat, als Toni die Müllsäcke abgeladen hat. Hier führt linker Hand ein kurviger Waldweg hinunter in den Mischwald von Sophies und Annas Großvater.

Plötzlich fröstelt Lukas, im Holz ist es feucht und dunkel, außerdem ist er vom Radeln verschwitzt. Lautlos schleicht er in Indianermanier seinem Ziel entgegen. Bei jedem Geräusch duckt er sich, verharrt kurz, blickt in alle

Richtungen, überzeugt sich so, dass die Luft rein ist, und bewegt sich erst dann weiter.

Nur noch fünf Meter! Angespannt legt sich Lukas längs auf den Boden. Er robbt Zentimeter für Zentimeter nach vorn zur Geländekante und riskiert einen ersten Blick hinunter zum geheimnisvollen Holzbau. Alles ruhig, die Luft ist rein!

Ohnehin geht der Anführer der Falken davon aus, dass der Fremde das Lager verlassen hat, schließlich waren die Bilder der Überwachungskamera dahingehend. Man sieht darauf den Unbekannten, der sich vom Stangenverschlag entfernt. Bis jetzt hat Lukas keine weiteren Aufnahmen erhalten. Dass die Kamera mangels Energie ausgefallen ist, kann er nicht wissen.

Mindestens dreißig Minuten beobachtet Luk aus sicherer Distanz den Unterschlupf, dann wird er mutig, steht auf und steigt vorsichtig Schritt für Schritt die Geländeverwerfung hinunter. Es ist nichts zu hören. Absolute Stille. Totenstille.

Im Zeitlupentempo greift er nach der Brettertür. Wenige Augenblicke später öffnet er geräuschlos den Eingang und stiert ins dunkle Innere. Warme, modrige Luft strömt in seine Nase. »Verlassen«, denkt er sich. Plötzlich hört er von hinten ein Geräusch. Doch ehe er sich umdrehen kann, bekommt er einen Schlag auf den Hinterkopf und sackt lautlos zu Boden. Ohnmacht umhüllt den Buben.

»Nein, heute bist du dran zum Küche-Aufräumen!«, protestiert Sophie lauthals. Immer versucht sich Anna vor dem Putzen zu drücken, doch dieses Mal gibt die große Schwester nicht klein bei. Ob sie will oder nicht, Anna muss alle zwei Wochen an einem Sonntag der Mutter im Haushalt helfen. Widerwillig grummelt das Mädchen vor sich hin, während es das Festtagsgeschirr und das Besteck in den Geschirrspüler schlichtet. Derweil verkriecht sich Sophie in ihrem Zimmer zum Lesen. Sie liebt Fantasyschmöker über alles und taucht sogleich in die Welt von irrealen Fabelwesen und Dämonen ein.

Nachdem das Esszimmer und die Kochinsel glänzten, poltert Anna über die knarrende Eschenholztreppe nach oben und verschwindet in ihrem Reich. Da Handys am Mittagstisch streng verboten sind, greift sie nun danach und überprüft ihre Eingänge. Nichts!

Langsam kommt Lukas wieder zu sich, es ist finster und er kann sich überhaupt nicht rühren. Mit einem Kabelbinder wurden ihm die Hände auf dem Rücken verschnürt, er liegt ganz benommen und unbequem auf dem Bauch. Sein Schädel brummt. Wo er sich genau befindet, kann er noch nicht erkennen. Es ist warm und riecht nach billigem Dosengulasch.

Lukas dämmert, was passiert ist: »Er hat mich als Geisel genommen!« Panisch will der Junge um Hilfe schreien, doch aus seinem Mund kommt kein Ton heraus, der Fremde hat ihm diesen mit Klebeband abgeklebt.

Plötzlich dringen Geräusche an sein Ohr. Vor dem Unterschlupf schleicht jemand herum. Dem sonst so unerschrockenen Jungen ist das zu viel, er verfällt in Schockstarre und lauscht angespannt, er hat Todesangst.

Jäh ertönt ein ohrenbetäubender Klingelton und seine Jeanshose vibriert. Flugs fliegt die Brettertür auf und der Unbekannte stürzt auf Lukas zu. Mit gewaltiger Kraft dreht er den Buben mit einem Handgriff von der Bauch- in die Rückenlage und reißt ihm unsanft das läutende Handy aus dem Hosensack. Instinktiv kneift Lukas fest die Augen zusammen, damit er dem Geiselnehmer nicht direkt ins Gesicht schauen muss.

Hastig hantiert der Mann am Apparat herum und schaltet ihn aus. »Scheißkerl, hast geglaubt, du kannst um Hilfe telefonieren?«, entfährt es ihm boshaft.

Als der Grobian von ihm ein Stückchen weit abrückt, blinzelt Lukas, er will endlich das Gesicht des Schurken erkennen. Vergeblich! Das Antlitz ist komplett unkenntlich gemacht. Ein schwarzes Tuch hat der Verbrecher über Mund und Nase gebunden und die Parkakapuze tief in die Stirn gezogen. Bei diesem Anblick laufen Lukas eiskalte Schauer über den Rücken, er rührt sich kein bisschen.

»Verflixt, ich muss nachdenken. Was mach ich bloß?«, grübelt der Halunke. Ewig kann er den Buben hier nicht festhalten. Für die finale Flucht ins Ausland hat er zu wenig beisammen, da würde ihm ein größeres Lösegeld gerade recht kommen. Dieser Gedanke gefällt ihm außerordentlich gut. »Ich brauche ihn noch«, beschließt der Kriminelle, der mehrere Einbrüche und Körperverletzungen in der Landeshauptstadt Linz auf dem Kerbholz hat.

Da Lukas nun auf dem Rücken liegt, kann er seine Umgebung klar ausnehmen. Seine Blicke schweifen umher, er erkennt den Ofen, den Holzhocker, die Anrichte, das Playmateposter, die Angel und einen großen rechteckigen Gegenstand, der gleich neben einer Kiste mit Konserven- und Bierdosen steht. Diesen massiven Quader hat er noch nie gesehen. »Was kann das nur sein? Sieht schwer aus«, überlegt Lukas. Grob schätzt er das Objekt auf fünfzig mal vierzig Zentimeter. Genauer kann er sich das unbekannte Ding nicht mehr anschauen, da der Gauner wieder aus der Behausung verschwindet und ihn in völliger Dunkelheit zurücklässt.

»Geh endlich ans Telefon!«, meutert Sebastian, der zum x-ten Mal versucht, Lukas zurückzurufen. Vergeblich! Es hat bloß ein paar Mal geklingelt und seitdem ertönt nur eine Frauenstimme, die sagt, dass der Teilnehmer nicht erreichbar sei. Genervt ruft der Junge schließlich Tobias an, doch dem ist es genauso ergangen. Die beiden können nicht ahnen, dass auch Maximilian zigmal bei Lukas angerufen hat. »Wahrscheinlich bekommen sie beim Löberbauern ein Kalb«, überlegt Max rational. Er weiß, dass Lukas meistens am Sonntag der Mutter im Stall helfen muss, weil dessen Vater erst spät und oft angetrunken vom Stammtisch heimkehrt.

»Wo bleibt denn der Bub? Jetzt ist er seit vier Stunden weg, er muss doch schön langsam Hunger bekommen. Noch dazu habe ich sein Leibgericht gekocht«, macht sich am späten Nachmittag Luks Mutter große Sorgen. Vom Diwan aus der Stube dringen die Schnarchgeräusche ihres Gatten, der beim Wirt wieder einmal zu tief ins Glas geschaut hat.

Eine halbe Stunde später ruft die Bäuerin bei Sebastian und Tobias an, ob sie ihren Sohn gesehen haben, doch beide verneinen. Seit diesem Anruf sind Lukas' beste Freunde mehr als besorgt und geben sofort den Mitgliedern der S-Bande Bescheid, dass ihr Anführer vermisst wird. Die Kinder wollen sich gegen 17 Uhr beim Falkenhorst treffen.

»Was kann das bloß sein? Ich glaube, es ist aus Metall. Die Oberfläche ist völlig glatt und hinten hat es vier Löcher zum Befestigen«, zermartert sich Lukas den brummenden Schädel aufs Neue. Seit ihn der Verbrecher auf den Rücken gedreht hat, spürt er die schmerzende Stelle am Hinterkopf, an der ihn der Bösewicht mit einem dumpfen Gegenstand erwischt hat. Bestimmt klafft eine größere Wunde auseinander, seine Haare fühlen sich jedenfalls nass vom ausgetretenen Blut an.

Momentan ist nicht an Flucht zu denken, immer noch dringen nahe Geräusche von draußen zu ihm. Der Brutalo ist in der Nähe! Luks Devise lautet deshalb, ruhig liegen bleiben, nachdenken und den Mann auf keinen Fall provozieren. Denn jemand, der ein Kind zusammenschlägt, ist hochgefährlich, skrupellos und zu allem fähig.

Vom bewegungslosen Liegen schmerzen ihn Hände und Rücken. Noch dazu spannt das Klebeband über dem Mund unangenehm. Lukas versucht, die Lippen zu öffnen

und das Band ein wenig mit der Zunge nach außen zu dehnen. Auch seine Blase macht sich langsam bemerkbar.

»Wieso habe ich bloß die enge Jeans angezogen und auch noch meinen Leatherman eingesteckt?«, überlegt der Gefesselte. »Moment! Ich habe meinen Leatherman noch!«, frohlockt Luk, der sofort Hoffnung schöpft, sich doch noch aus seiner schier ausweglosen Situation zu befreien.

Von draußen hört er keine Geräusche, deshalb beginnt er sich geschickt am Bett hin und her zu bewegen, damit das Multiwerkzeug von ganz unten im Hosensack ein Stückchen nach oben wandert. Während der anstrengenden Übung dämmert es ihm plötzlich: »Es ist der gestohlene Möbeltresor aus Christkindl!«

Genau in dem Moment, als es Lukas fast gelingt, den Leatherman mit einer Vierteldrehung seines Rumpfes aus der Hosentasche zu bugsieren, fliegt erneut die Brettertür auf und der skrupellose Räuber tritt ein. In Sekundenschnelle liegt Lukas ruhig auf der Pritsche und rührt sich keinen Millimeter. Er getraut sich nicht, den Täter anzusehen.

Doch so schnell wie er hereingekommen ist, verschwindet der Vermummte wieder. Bloß zwei Dosen Bier und seine Angel hat er sich gegriffen.

Danach entfernt sich der Übeltäter hangabwärts Richtung Steyrfluss. Beim Angeln, so ist er überzeugt, kommen ihm die besten Ideen und das Bier entspannt ihn. Schließlich muss er seine nächsten Schritte planen. Wie soll er für den Buben Lösegeld fordern? Von wem? Und wie viel?

Aufgeregt reden die Kinder beim Jägerhochstand durcheinander. Allesamt machen sie sich irrsinnige Sorgen um den verschwundenen Lukas. Lautstark übernimmt Tobias das Wort: »Bitte hört doch zu, es bringt Luk absolut nichts, wenn wir hier unsere Zeit mit Mutmaßungen vertun. Wir müssen uns auf die Fakten konzentrieren. Seine Mutter hat mir erzählt, dass er kurz vor zwölf das Haus verlassen hat. Wortwörtlich hat er angeblich gesagt: ›Die Jungs brauchen mich dringend!‹. Und dann hat er der Reihe nach versucht mich, Sebastian und Max anzurufen. Als wir nach circa einer Stunde zurückgerufen haben, hat es nur bei Sebastian ein paar Mal geläutet, und seitdem ist Luks Telefon tot. Mehr wissen wir nicht. So, was schlagt ihr vor, was wir tun sollen? Ach ja, dass ich es nicht vergesse, sein Fahrrad fehlt obendrein.«

Angestrengt denken die Kinder nach, Anna meldet sich: »Ich habe das Gefühl, irgendjemand will sich an uns rächen. Haben wir es mit der Jagd auf Umweltsünder etwa übertrieben? Der grobe Hans könnte dahinterstecken, genauso aber auch die Jugendlichen vom Lettenstrand. Warum hat es jemand ausgerechnet auf Lukas abgesehen? Das müssen wir uns fragen.«

»Es könnte doch auch sein, dass er mit seinem Rad einen Unfall gehabt hat und irgendwo hilflos im Straßengraben liegt«, wirft Paulina betroffen ein.

»Nein, das glaube ich nicht«, erwidert Sebastian, »vielleicht ist er im Alleingang in die Au gefahren. Ihr kennt doch unseren Angeber, er spielt gern den Helden und Draufgänger.« Natürlich ahnt der Bub nicht, dass seine Vermutung die richtige ist.

»Ich schlage vor, wir beeilen uns und teilen uns bei der Suche auf. In nicht einmal anderthalb Stunden setzt die Dämmerung ein. Ich fahre mit den Mädels zum Haus von Hans und ihr beide fährt in die Au und haltet Nachschau«, bringt nun Max einen konkreten Vorschlag.

»Blödsinn. Wir bleiben auf jeden Fall zusammen. Ich will nicht heute noch als Geisel enden. Hans' Haus liegt ohnehin auf der Strecke nach Pichlern«, gibt Sophie zu bedenken.

»Kommt, ab zu den Rädern, es geht los! Die Mission ›Rettet Lukas‹ startet sofort!«, ruft Anna bestimmt. Sogleich stürmen die Kinder zu ihren fahrbaren Untersätzen, sitzen auf und entfernen sich kräftig strampelnd vom Anwesen des noch immer seinen Rausch ausschlafenden Löberbauern.

Sorgenvoll blickt Lukas' Mutter von der Haustür herüber und sieht der kleiner werdenden Schar nach. »Wenn sich die sechs in der nächsten Stunde nicht bei mir melden, muss ich am Polizeiposten Garsten anrufen und meinen Sohn als vermisst melden«, grübelt sie kummervoll nach.

Mit einem Höllentempo jagen die Mitglieder der beiden Kinderbanden den Bahnberg hinunter. Über der Gleisanlage der Steyrtalbahn müssen sie ein bisschen abbremsen, und nach der lang gezogenen Linkskurve geben sie das Handzeichen zum Rechtsabbiegen.

Sie erreichen ihr Ziel um halb sechs. Ohne zu zögern, laufen die drei Jungs auf das vermüllte Grundstück des groben Hans'. Im Haus brennt kein Licht, es sieht also nicht so aus, als sei er schon daheim. Seine geliebte Miezekatze läuft ihnen entgegen und streift zwischen den Beinen der Buben immer wieder durch. Sie möchte liebkost und gestreichelt werden, schließlich ist sie seit Tagen allein daheim. »Keiner da, seht, das Futter für die

Katze steht vor der Haustür. Hans liegt bestimmt noch im Spital, hier suchen wir unseren Freund vergeblich«, meint Max und eilt zurück zu den Mädchen. Ohne weiter Zeit zu verplempern, nehmen sie ihr nächstes Ziel in Angriff, das Lager in der Au.

Lukas dreht sich immer wieder auf dem unbequemen Untersatz. Gleich wird er es schaffen, dann wird sein Leatherman aus der Hosentasche fallen. Hoffentlich landet das Teil nicht auf dem Boden, dann hätte er keine Chance, sich selbst zu befreien.

Innerlich treibt ihn die Angst an. Beim letzten Eintritt des Mannes hat Luk das Springmesser am Hosengürtel gesehen, als seine Jacke offen stand. »Nur noch ein kleines Stückchen!«, feuert sich Luk selbst an. Seine Blase drückt ihn mittlerweile unerträglich, und um nicht in die Hose zu machen, muss er sich einfach schnellstmöglich befreien. Außerdem will er dem Schurken selbst entkommen. Wer weiß, wann endlich Hilfe naht. Ob sein Verschwinden überhaupt schon jemandem aufgefallen ist?

Mit der letzten Vierteldrehung plumpst der Leatherman auf die Matratze. Schnell stemmt sich Lukas ein klein wenig in die Höhe und legt sich genau mit seinen gefesselten Händen auf das Werkzeug. »Aua!«, stöhnt er auf, er ist unsanft mit seiner Wunde am Kopf auf dem harten Kissen gelandet. Gut, dass er blind weiß, wo welches Tool sitzt.

Augenblicklich will er mit zwei Fingern der rechten Hand die kleine Schere herausziehen, die kann er jetzt am besten gebrauchen. Immer wieder gleitet ihm das Multitool aus der Hand. Schweißgebadet gibt der Junge jedoch nicht auf. Natürlich könnte er auch versuchen, das Messer zu öffnen, doch die Klinge hat er erst gestern Abend brutal scharf auf dem Doppelschleifbock in der hofeigenen Werkstätte geschliffen. Dies ist ihm daher zu riskant, schneiden will er sich auf keinen Fall. Vielleicht braucht Lukas das Messer noch zur Selbstverteidigung.

Zur selben Zeit erreichen seine Freunde nur einen Kilometer entfernt die ersten Bäume in der Au. Die Sonne ist am Untergehen und im Wald ist es spürbar dunkler. Sechs Augenpaare durchforsten die Umgebung. Auf einmal stoppt Tobias abrupt sein Fahrrad. Paulina, die mit ihrem E-Bike dicht an ihm fährt, kann gerade noch einen Aufprall vermeiden. »Spinnst du!«, schreit sie erschrocken auf.

»Pst, sei leise!«, zischt Tobias. Schnellstmöglich entfernt er sich von seinem Rad, er hat im Holz etwas Interessantes entdeckt. Der Falke läuft von der Schotterstraße weg eine kleine Böschung hinauf. Alle starren ihm nach. Plötzlich kommt er mit Luks Fahrrad zurück. Sie sind auf der richtigen Spur.

Max deutet mit den Händen an, dass sie alle leise sein und ihm folgen sollen. In einem kleinen Kreis stellen sich die Kinder auf, stecken die Köpfe zusammen und beratschlagen das weitere Vorgehen.

»Luk ist im Wald. Ich spüre es, er ist in großer Gefahr. Wir müssen äußerst vorsichtig sein. Zuerst verstecken wir die Fahrräder dort oben. Dann suchen wir unseren Freund und befreien ihn. Bestimmt hat ihn der Bösewicht vom Schneestangenverschlag in seiner Gewalt«, tuschelt Sebastian.

Sofort wendet Anna ein: »Vergiss es, das ist viel zu gefährlich für uns. Der Mann kann auch bewaffnet sein. Wir müssen die Polizei verständigen! Ich setze einen Notruf ab und bleibe mit Sophie und Paulina hier heroben auf der Schotterstraße. Ohne unsere Hilfe finden die Einsatzkräfte den Erdrutschbereich nie. Jungs, bitte unternehmt nichts auf eigene Faust, es ist zu gefährlich! Luk hätte sich sonst längst befreien können.«

Trotzdem wollen Max, Sebastian und Tobias nicht mehr länger warten. Sie wollen sich anschleichen und die Lage abchecken, bevor die Polizei eintrifft, und gegebenenfalls eingreifen, falls Luk dringend ihre Hilfe braucht.

Endlich schafft es Lukas, die kleine Schere herauszuziehen, er schiebt sie geschickt unter den Hartkunststoff des Kabelbinders und schneidet diesen auseinander. Endlich frei!

Mit voller Blase ist die Flucht allerdings schwierig. In seiner dringenden Not stellt er sich ins hintere Eck der Behausung, öffnet den Hosenschlitz und uriniert auf den Waldboden. Sekunden vergehen. Erleichtert schließt er die Jeans. Erst danach reißt er sich das sehr gut haftende Klebeband von den Lippen. Uff, das schmerzt. Am Material erkennt Lukas, dass es sich um ein Gewebeband aus dem Lagerhaus handelt. An einer Stelle am Mund blutet er aus einer Risswunde.

Jetzt hat er es eilig! Er will auf der Stelle aus dem Verschlag türmen, doch die Brettertür gibt kaum nach. Anscheinend hat sie der Gauner von außen mit einem Holzstecken angespreizt.

»Ich muss klar denken, vielleicht finde ich eine Lücke in den Schneestangenwänden oder zum Dach hinauf. Wenn nicht, bleibt mir nur mehr ein Angriff auf ihn über«, geht Lukas im Kopf seine Möglichkeiten durch. Wenn er wüsste, dass sich seine Freunde nur wenige Meter von ihm entfernt befinden, würde er sich bemerkbar machen.

Die jungen Spürnasen verharren ganz ruhig liegend oben an der Geländekante. Sie beobachten angestrengt die Umgebung und den Verschlag. Max fällt sofort auf, dass die Brettertür mit einem massiven Pflock angespreizt ist. Sogleich zeigt er Tobi und Sebastian seine Entdeckung mit den Händen. In Pantomime ist er Gott sei Dank immer der Beste.

Anna, die zum Telefonieren aus dem Wald gelaufen ist, damit sie ungestört sprechen kann, erklärt schon zum zweiten Mal dem Beamten am Notruf ihre Situation. Quälend lange kommt es ihren Freundinnen vor. Doch die Kleine ist hartnäckig, und als sie merkt, dass sie der Polizist nicht ganz ernst nimmt, wird sie wütend und macht eine klare Ansage in den Handylautsprecher: »Warum glauben Sie mir nicht? Mein Name ist Anna und mein Freund Lukas, der Sohn des Löberbauern aus Aschach an der Steyr, ist in der Pichlerner Au als Geisel genommen worden. Er wird vom Täter wahrscheinlich in einem

Schneestangenverschlag festgehalten. Was heißt da Beweise? Wollen Sie das Leben eines Kindes auf dem Gewissen haben? Schicken Sie umgehend Beamte in die Au! Wir warten oben am Auweg vor der ehemaligen Bäckerei. Beeilen Sie sich! Und bitte kein Blaulicht und kein Folgetonhorn! Unser Freund schwebt in Lebensgefahr!«

Zuletzt schreit Anna noch dreimal laut und schrill »Hilfe« in ihr Telefon, dann legt sie auf.

Der Anruf zeigt Wirkung, gleich darauf werden zwei Streifenwagen vom Sierninger Posten verständigt, sie sollen sich der merkwürdigen Sache annehmen.

Da es bereits nach 18 Uhr ist, weckt Luks Mutter ihren Mann auf dem Diwan auf. Sie erzählt ihm verängstigt, dass ihr Sohn seit Mittag spurlos verschwunden ist. Augenblicklich ist der Löberbauer wach und ausgenüchtert. Auch wenn er oft sehr grob wirkt, liebt er sein einziges Kind über alles. Verweint berichtet sie ihm, dass sie soeben eine Vermisstenanzeige aufgegeben hat.

Auf das Drängen von Lukas' Mutter starten vom Polizeiposten in Garsten zwei weitere Einsatzwagen. Sie sollen eigentlich die Gegend in Aschach durchkämmen, um den Jungen zu finden. Natürlich hören die Exekutivbeamten sogleich in ihren Streifenwagen über Funk, dass sich der Bub anscheinend in der Hand eines gefährlichen Mannes befindet und sie in Pichlern gebraucht werden. Mit rasendem Tempo jagen die Polizisten über die Straßen.

POLIZEI
POLIZEI
POLIZEI

Die Befreiung

Panisch sieht sich Lukas in der Behausung um. Er sucht vergeblich nach einem Ausweg. Seit er sich gegen die Tür gestemmt hat, dringt durch einen Spalt ein bisschen Licht herein, das jedoch rasch matter wird, da es draußen dämmert.

Eine Lücke zum Durchschlüpfen hat er keine gefunden, er muss seinen Plan ändern. »Angriff ist die beste Verteidigung, das hat mir Papa gelernt«, sinniert er. Eilig zieht er die Kiste mit den vollen Konserven- und Bierdosen in die Mitte des Unterschlupfs. Präzise richtet er sie genau gegenüber der Brettertür aus.

Lukas ahnt, dass der Bösewicht bald zurückkehren wird, denn in der Dunkelheit kann er wohl kaum fischen. Der Junge verschanzt sich hinter der vollen Munitionskiste. Er steht mit einer Leberknödelsuppendose in seiner Linken und einer Dose Serbische Bohnensuppe in der Rechten mitten im Raum. Er ist zu allem bereit!

Da die Konservendosen schärfere Kanten und ein festeres Blech als die Bierdosen aufweisen, wird er diese zuerst abfeuern. »Von mir aus kann das Scheusal kommen!«, gibt sich Luk kampfesmutig. Jede Faser seines Körpers ist angespannt.

»Die Tür hat sich ein Stück bewegt, ich bin mir ganz sicher, Luk ist da drinnen eingesperrt«, erkennt Tobias.

Auch Sebastian und Max ist der Fluchtversuch ihres Freundes nicht entgangen. Plötzlich vernehmen alle drei ein leises Geräusch vom Verschlag herauf, so als würde jemand etwas Schweres über den Waldboden ziehen. In jedem Fall wollen die Jungs warten, bis die Polizisten eintreffen, deshalb verharren sie weiterhin in Bauchlage ein Stückchen oberhalb.

»Sophie, Paulina, sie kommen!«, frohlockt Anna. Sie sieht zwei Streifenwagen, die den Auweg hinaufbrausen, geradewegs auf die Mädchen zu. Heftig fuchtelnd mit den Armen nehmen die Kinder die Beamten in Empfang.

Ein junger Polizist lässt die Fensterscheibe herunter, auf dem Beifahrersitz sitzt seine Kollegin. Beide erkundigen sich freundlich bei den Mädchen, was denn passiert sei. Aufgeregt schildern diese die Ereignisse der letzten Tage. In Kurzfassung erzählen sie ihnen von Toni, dem groben Hans, von den Jugendlichen am Lettenstrand, von Herbert, vom Auffinden des Schneestangenverschlags und von dem mysteriösen Unbekannten, auf dessen Spur sich höchstwahrscheinlich ihr Freund Lukas im Alleingang geheftet hat. Aufmerksam lauschen die Beamten, sie versuchen sich die vielen Informationen zu merken und diese einzuschätzen.

»Bitte folgen Sie uns zu Fuß in den Wald zur Steyr hinunter, mit dem Auto kommt man hier nicht weit. Außerdem könnte der Täter beim Anblick der Polizei in Panik verfallen und Lukas etwas antun«, drängt Sophie die Streifenpolizisten.

Zuerst einmal steigt der Uniformierte aus und geht zu seinen Sierninger Kollegen im Streifenwagen dahinter. Für die Mädchen dauert das Gespräch eine halbe Ewigkeit.

Plötzlich ertönt der Polizeifunk, die Garstner Beamten melden sich, dass sie auch gleich vor Ort sein werden. Dann geht es schnell! Anna und Sophie sollen den Gesetzeshütern den Verschlag im Wald zeigen. Paulina bleibt zurück, sie wartet auf die Verstärkung der Bullen.

»Sauerei, heute geht mir keiner mehr an den Haken, ich geh zurück. Sehen tu ich auch nichts«, murmelt der Mann mit dem dunkelgrünen Parka. Gleich darauf kämpft er sich mit der Angel in der Hand vom Steyrfluss den steilen Hang hinauf. Am Ufer lässt er die leeren Bierdosen zurück.

Nun weiß er endlich, wie er für den Jungen Lösegeld fordern kann, und vor allem, wie viel. Ständig kreisen seine Gedanken um das viele Geld, das er bald sein Eigen nennen wird.

Keine fünfzig Meter trennen ihn von seinem Unterschlupf. Alles unverändert! Schnell zieht er sich das Tuch über Mund und Nase. Dann setzt er die Kapuze auf und nähert sich zielstrebig dem angespreizten Stock. Mit einem Fußtritt bugsiert er diesen zur Seite, öffnet die Tür und betritt den Bau.

Bevor er sichs versieht, donnern zwei volle Konservendosen gegen seinen Schädel. »Was zum Teufel ...«, stößt er aus. Doch mehr kann er nicht sagen, weil schon die nächsten Geschoße angeflogen kommen. Gulaschsuppe im Doppelpack!

Geschickt wehrt der Angegriffene die Dosen mit seinen kräftigen Unterarmen ab, die er wie ein Boxer im Ring schützend vor den Kopf hält. Dabei bewegt er sich im Wiegeschritt nach vorn. Luk ist in arger Bedrängnis!

»Attacke!«, schreit nun Tobias außer sich. Er will nicht mehr länger zuwarten, sein Freund braucht sofort ihre Hilfe. Wild entschlossen greift er sich den nächstgelegenen Ast und stürmt hinunter in die Hangverwerfung. Maximilian und Sebastian tun es ihm gleich. Mit lautem Geschrei stürzen sich die drei von hinten auf den Knastbruder und prügeln ohne Unterlass auf ihn ein.

Nun brüllt auch Lukas aus voller Kehle, nimmt Anlauf und catcht sich von vorn auf seinen Entführer. Mit den Fäusten schlagen die Falken heftig auf den großen, starken Mann ein.

»Schneller! Die Jungs brauchen Hilfe! Man hört ihre verzweifelten Schreie!«, kreischt nun Sophie. Die Schwestern jagen durch den Wald, hinter ihnen her sprinten die vier Polizisten. Sie können mit den flinken, wendigen Kindern, die die Gegend wie ihre Hosentasche kennen, kaum Schritt halten. Erschwerend für die Ordnungshüter ist, dass es immer dunkler wird und sie obendrein die Beschaffenheit des Wegs kein bisschen kennen.

Gezeichnet und geschwächt von den vielen Schlägen, will nun der Bösewicht aus seiner selbst gebauten Behausung türmen. Blut tröpfelt ihm von der Stirn herunter, die Leberknödelsuppendose hat ihr Ziel nicht verfehlt, eine klaffende Platzwunde oberhalb der linken Augenbraue geht auf ihr Konto.

Mit einem kräftigen Hieb wirft der Schurke Sebastian und Max im hohen Bogen von sich, doch Lukas und Tobias, die beiden stärksten Jungs, klammern sich sofort wie die Kletten an ihn und dreschen erneut auf ihn ein. Mit einer geschickten Drehung kann er die beiden abschütteln und steht plötzlich frei vor der Brettertür. Geübt zückt er sein Springmesser und geht in Angriffsstellung.

»Achtung, er hat ein Messer!«, brüllt Maximilian, der noch immer auf dem Hosenboden liegt. Sofort weichen die drei anderen Buben zurück, gegen eine scharfe Klinge sind sie machtlos. In Brückenhaltung krabbelt Maximilian, der Jüngste von ihnen, langsam auf allen Vieren weiter nach hinten. »Nur weg!«, denkt er sich verzweifelt. Es wäre zu gefährlich, weiterzukämpfen. In Pattstellung stehen Sebastian, Tobias und Lukas dem Bewaffneten gegenüber und starren ihn an.

Urplötzlich erschallt von oben eine durchdringende Männerstimme: »Halt, Polizei! Legen Sie die Waffe nieder!« Doch der Verbrecher denkt überhaupt nicht ans

Aufgeben. Vor seinem geistigen Auge läuft ein Film ab, er sieht sich in Handschellen auf dem Weg zurück ins Gefängnis. Das muss er verhindern!

Schritt für Schritt treten die drei Jungs zurück, um aus der Gefahrenzone zu kommen. Mit irrem Blick stiert der Messermann von einem zum anderen. Wen soll er sich greifen?

Mucksmäuschenstill ist es im Wald. An der Geländekante stehen die vier Uniformierten, sie halten ihre Pistolen im Anschlag.

Lukas spürt ein Pochen in der Halsschlagader, ihm ist klar, dass sein Gegenüber nicht daran denkt aufzugeben. Nur zwei Meter entfernt vom Schwerverbrecher versucht nun Maximilian endlich aufzustehen.

Als der Vermummte einen Schritt auf den Buben zugeht, peitscht unvermutet ein Warnschuss durch die Luft. Blitzschnell lässt der Gauner sein Springmesser fallen. Max, der am nächsten ist, greift es sich geistesgegenwärtig. Im selben Moment stürmen die vier Polizisten den Hang herunter und werfen den Entführer zu Boden. Sie nehmen ihn in den Fixiergriff und geschickt legt die Polizistin ihm die Handschellen an. Kein Sterbenswörtchen kommt dem Verhafteten über die Lippen.

Erst jetzt getrauen sich Anna und Sophie zu den anderen, sie laufen auf sie zu und die Kinder umarmen sich gegenseitig. Sogar der sonst so taffe Lukas hat Tränen in den Augen. Er ist so stolz auf seine Freunde und Retter.

»Lukas, du bist verletzt!«, stellt Sophie entsetzt fest, als sich nach der Umarmung mit dem Geretteten Blut an ihrem Unterarm befindet. »Nicht so schlimm, du weißt ja, ein Indianer kennt keinen Schmerz«, gibt ihr Luk, erleichtert ob seiner Befreiung, zur Antwort. Die Kinder lachen und denken nur: »Typisch Luk.«

Ein Polizist will endlich das Gesicht des Geiselnehmers sehen, er zieht ihm die Kapuze vom Kopf und das Tuch von Mund und Nase herunter. »Draxler, dich haben wir schon überall gesucht«, entfährt es dem Ordnungshüter. Fragend sehen sich die Falken und die Mitglieder der Schnackerlbahnbande an, keiner kennt den Mann.

Endlich kommen die Garstner Beamten mit Paulina beim Schneestangenverschlag an. Ganz erstaunt übernehmen sie den verhafteten, flüchtigen Häftling aus der Astener Justizanstalt. »So, so, wen haben wir denn da? Den Draxler. Da ist uns ja heute ein richtig dicker Fisch ins Netz gegangen«, meint ein älterer Polizist.

Die Beamten vereinbaren, dass der Knasti unverzüglich ins Gefängnis zurückgebracht gehört und dass die Polizisten aus Sierning den Tatort näher untersuchen werden, jedoch nicht mehr heute am Abend, sondern erst morgen am Vormittag. In wenigen Minuten wird es in der Au stockdunkel sein.

Bevor die ersten Polizisten mit dem Verbrecher das Lager verlassen, ertönt Lukas' Stimme: »Bitte warten Sie, ich muss Ihnen noch etwas zeigen. Tobias und Sebastian, helft mir kurz!«

Gespannt schauen alle zu den Jungs, die kurzerhand hintereinander den Unterschlupf betreten. Man hört ein Schieben und ein Gestöhne, dann fliegt die Brettertür auf und die drei kommen heraus. Mit vereinten Kräften tragen sie den gestohlenen Möbeltresor vom Pfarrhaus in Christkindl in ihren Händen.

Die Belohnung

»Papa, soll ich dir ein Bier aus dem Keller holen?«, fragt Luk den Löberbauern. Es ist der Tag des Herrn und sein Vater war bereits außergewöhnlich früh um elf Uhr vormittags vom Jägerstammtisch heimgekehrt, um mit seiner Familie Mittagessen zu können. »Nein, Junge, ich trinke Mineralwasser«, gibt ihm sein Papa knapp zur Antwort.

Seit letztem Sonntag, dem Tag von Luks Geiselnahme, hat sich viel getan. Die Wunde an seiner Lippe ist bereits vollständig verheilt, jedoch die Naht am Hinterkopf lässt den Jungen stets an die schlimmen Vorkommnisse im Wald erinnern. In der Nacht wacht der sonst so draufgängerische und tapfere Bub oft schweißgebadet auf. Unzählige Male hat er davon geträumt, sich nicht rühren zu können und einem übergroßen, vermummten Bösewicht mit einem scharfen Messer in der Hand ausgeliefert zu sein.

Liebevoll kümmert sich seine Mutter um Luk, und aus der gesamten Gemeinde bekommt er Genesungswünsche, aber auch Glückwünsche für das Aufspüren des Diebs vom Pfarrhaus. Sogar der Herr Bürgermeister war gestern zu Besuch und hat sich nach Luks Gesundheitszustand erkundigt.

Des Öfteren kommt auch sein Vater ohne Grund zu Lukas her und drückt ihn sanft an sich, sogar mitten im Kuhstall beim Einfüttern oder Ausmisten. Der Dreizehnjährige lässt sich die ungewohnten Liebkosungen gefallen. Natürlich sind sie ihm etwas peinlich, doch das verheimlicht der Pubertierende seinem Vater.

Kein einziges Bier hat der Löberbauer seit dem Vorfall mehr angerührt, der Durst ist ihm gründlich vergangen. Der Landwirt kann es sich nicht verzeihen, dass er nichtsahnend stundenlang seinen Rausch auf dem Sofa ausgeschlafen hat, während sich sein Sohn in den Fängen eines Schwerverbrechers befunden hat.

Herr Herbert von der Hauptstraße erlebt am heutigen Festtag sein blaues Wunder, als er von seinem einwöchigen Ausflug ins Mühlviertel von seiner Schwester nach Hause kehrt. Nach dem Abstellen seines schicken, dunkelgrünen Jaguars in der Garage wundert er sich, dass ihn seine Nachbarin nicht grüßt. Freundlich winkt er ihr zu, doch Frau Bader schreit anstatt netter Begrüßungsworte bloß »Altes Dreckschwein!« herüber.

Kopfschüttelnd will Herbert zu seiner Haustür gehen, doch dann bleibt er wie angewurzelt stehen. Er erblickt den Müllberg in seinem Vorgarten. Kalter Schweiß tritt ihm auf die Stirn, als er die Bilder und die Tafel samt Inschrift sieht. Natürlich erkennt er sofort, dass ihn jemand eiskalt am Strand unten erwischt hat.

Mit gesenktem Kopf macht der Umweltverschmutzer an der Haustür halt. Die Post stapelt sich in seinem Briefkasten, ganz oben ragt ein gelber Zettel heraus. Sogleich fischt ihn Herr Herbert aus dem Postkasten und beginnt zu lesen. Es handelt sich um den Abholschein für einen RSa-Brief, der dem Empfänger wegen Abwesenheit nicht zugestellt werden konnte. Unter dem Punkt »Absender« liest Herbert »Bezirksgericht Steyr« und weiß augenblicklich, dass ihm eine Anzeige ins Haus flattern wird.

Reumütig beginnt er sogleich, den Unrat aus dem Garten zu holen und ihn fein säuberlich in Bananenschachteln zu trennen. Beim Anblick der Fotos vom Strand des Steyrflusses wird ihm fast schlecht. Er weiß, dass ganz Aschach ihn nun als schlimmen Umweltsünder betrachtet, schließlich liegt sein Garten gut einsehbar mitten im Ortszentrum. Darüber ist seine Scham grenzenlos. Herbert, der Geläuterte, schwört sich, nie wieder Müll unsachgemäß zu entsorgen, und schon gar nicht in der schönen Natur.

Auch der grobe Hans ist nun ein anderer. Er hat die Aufforderung des Bürgermeisters zwar nur widerwillig hingenommen, dann aber nach seiner Entlassung aus dem Krankenhaus Steyr ebenfalls in seinem Garten aufgeräumt. Ein paar frühere Kollegen vom Musikverein unterstützten ihn dabei tatkräftig. Zig Autoanhänger haben sie mit dem Unrat befüllt und im Sierninger Altstoffsammelzentrum entsorgt.

Nun kann man, ohne irgendwo draufzusteigen, das Grundstück an der Steyr betreten. Frisch gemäht sieht der Garten plötzlich traumhaft aus. Von der nahen Wehranlage dringt das Tosen der Wassermassen herauf. Seine Katze kraulend sitzt Hans auf der grün-weiß lackierten Gartenbank vor seinem kleinen, schmucken Häuschen. Nur noch ein einfaches Pflaster am Finger erinnert ihn an den Unfall mit der Fischdose. Zufrieden sieht der Mann sich um. Keine rostigen Eisenfässer, keine Blechdosen und Glasflaschen sind mehr zu sehen. »Mieze, ich verspreche dir, das bleibt jetzt so schön! Ehrenwort!«, schwört der bekehrte Aschacher.

»Los, ich muss auch noch ins Badezimmer. Was machst du bloß so lang? Sophie, sperr endlich auf!«, fordert Anna und klopft lautstark an die verschlossene Vollholztür im ersten Stock. »Geh hinunter ins zweite Bad, ich brauche noch länger«, gibt ihre große Schwester zur Antwort. Nervös blickt die Kleine auf ihre Armbanduhr, auf halb zwei Uhr stehen die Zeiger, den Kindern bleiben nur noch fünfundzwanzig Minuten Zeit, dann müssen sie gemeinsam mit ihren Eltern pünktlich zum Gemeindesaal kommen.

Die Falken und die Kinder der S-Bande haben eine gemeinsame Einladung vom Aschacher Bürgermeister und vom Herrn Pfarrer aus Christkindl erhalten. Um 14 Uhr startet die Veranstaltung im Ortszentrum. Jeder Bürger, der möchte, ist dazu herzlich eingeladen. So steht es auch zu lesen auf dem Bildschirm vor dem Gemeindeamt.

Nacheinander betreten die sieben Kinder in Begleitung ihrer Familien das Aschacher Gemeindezentrum. Gut gefüllt sind die Reihen im Festsaal. Ganz vorne stehen schon der Herr Bürgermeister und der Pfarrer von Christkindl beisammen und unterhalten sich angeregt. Auch der Diakon aus Aschach, die Pfarrersköchin Martha und mehrere Polizisten in Uniform haben sich eingefunden.

Sogleich weist die Amtsleiterin von Aschach an der Steyr die Kinder ein, ganz vorn in der ersten Reihe Platz zu nehmen. An die weiße Wand projiziert der Beamer in Dauerschleife Bilder vom verschmutzten Kieselstrand am naturbelassenen Steyrfluss, Aufnahmen von Eisenfässern mitten in einem verwachsenen Garten, dazwischen laufen Fotos vom Schneestangenverschlag in der Au ab. Die Kinder blicken gespannt nach vorn. Was folgt nun?

Als Erster ergreift der Herr Bürgermeister das Wort. Im voll besetzten Saal ist es nun ganz still, man könnte eine Nadel fallen hören. Sogleich beginnt er seine Rede: »Ein herzliches Grüß Gott an alle, die unserer Einladung gefolgt sind. Besonders möchte ich die Mitglieder der Schnackerlbahnbande, Anna, Sophie, Paulina und Maximilian, begrüßen. Ebenso darf ich die Mitglieder der Falken, Lukas, Sebastian und Tobias, herzlich willkommen

heißen. Außerdem darf ich den Herrn Pfarrer aus unserer Nachbargemeinde Christkindl und die beiden Postenkommandanten der Polizeistationen Sierning und Garsten begrüßen.«

Applaus folgt, die genannten Erwachsenen erheben sich kurz von ihren Sitzen in der ersten Reihe, drehen sich zu den Leuten um und verneigen sich leicht.

Redegewandt spricht der Ortschef weiter: »Wir kommen heute zusammen, um sieben außergewöhnliche Kinder aus unserer schönen Gemeinde zu ehren und auszuzeichnen. Ihr Mut, ihre Ausdauer, ihr unermüdlicher Einsatz für unsere Umwelt, ihr Spürsinn, ihr Einfallsreichtum und ihr heldenhaftes Einschreiten gegen einen skrupellosen Verbrecher auf der Flucht gehören belohnt. Bitte begrüßen Sie mit einem kräftigen Applaus die S-Bande und die Falken!«

Tosender Applaus ertönt. Zögerlich steht Luk als Erster auf, dreht sich um und verneigt sich, wie es die Erwachsenen vorher getan haben. Die anderen Kinder tun es ihm gleich. Gerührt wischt sich Luks Mutter Freudentränen aus den Augen, sie ist so unglaublich stolz auf ihren einzigen Sohn.

Mit sieben aufeinandergestapelten, weinroten Schachteln eilt die zierliche Amtsleiterin zum Rednerpult. Ihre Sekretärin folgt ihr mit Urkunden in der Hand. Erneut ergreift der Bürgermeister das Wort: »Kinder, kommt zu mir heraus! Ich darf euch im Namen der Gemeinde die Verdienstmedaille für Umweltschutz feierlich überreichen.«

Nacheinander stellen sich die drei Mädels und die vier Jungs neben dem Rednerpult auf und erhalten der Reihe nach eine Medaille und dazu eine schön geschriebene Urkunde. Ein Fotograf knipst unentwegt Fotos. Stolz stehen die sieben da und blicken ihre Auszeichnungen an.

Nun ist der Herr Pfarrer dran, er kommt nach vorn und spricht mit großen Gesten: »Liebe Aschacherinnen und Aschacher, liebe Kinder, ich darf ein bisschen ausholen. Sie können sich vorstellen, wie groß der Schock bei meiner Köchin Martha und bei mir nach dem Einbruch war. Das Pfarrhaus verwüstet, der Tresor gestohlen und ein unglaublicher Gesamtschaden von nahezu 20.000 Euro!«

Herr Hochwürden schaut betroffen in die Besucherreihen, dann setzt er fort: »Keiner von uns hat zu hoffen gewagt, dass wir das Geld von der Caritashaussammlung und vom Pfarrflohmarkt wiederbekommen. In Summe übrigens 12.500 Euro. Das ist viel Geld für unsere Pfarrgemeinde. Und dann kommt eine Woche später der erlösende Anruf vom Polizeiposten Garsten, dass der Tresor von beherzten Kindern gefunden wurde. Kaum zu glauben! Euch, ihr Lieben, hat uns der Himmel geschickt! Aber bitte versprecht mir, dass ihr in Zukunft keine Schwerverbrecher mehr jagt. Das ist viel zu gefährlich für euch.«

Noch aber hat der Herr Pfarrer nicht zu Ende gesprochen: »Die Gemeinde braucht so tolle Jungs und Mädels wie euch! Da heißt's immer abfällig ›Die Jugend von heute‹! Ja, liebe Bürgerinnen und Bürger, auf die Jugend von heute kann man sich in Aschach an der Steyr verlassen. Schauen Sie sich die lieben Gesichter an! Sie sind die Zukunft unserer Gesellschaft, sie haben das Herz auf dem rechten Fleck und Verstand in ihren Köpfen. Sie wissen, was sich gehört! Umweltverschmutzern haben sie zuerst den Kampf angesagt und dann mit vereinten Kräften noch einen Schwerverbrecher hinter Schloss und Riegel gebracht. Das muss ihnen erst einmal jemand nachmachen! Getrost können wir in die Zukunft schauen. So, jetzt habe ich aber genug gesprochen. Im Namen unserer Pfarre Christkindl, liebe Falken, liebe S-Bande, darf ich euch eine Belohnung in der Höhe von 700 Euro überreichen.«

Den Kindern bleibt regelrecht der Mund offen, als sie das hören. Überwältigt von der hohen Geldsumme nimmt Lukas als Vertreter der beiden Banden den übergroßen Kartonscheck aus den Händen des Pfarrers entgegen.

Blitzlichtgewitter folgt, alle Zuseher erheben sich von ihren Stühlen und ein lang anhaltender Applaus ertönt.

Überglücklich grinsen die sieben Kinder in die zahlreichen Kameras im Festsaal. »Verbrecherjagd zahlt sich definitiv aus!«, meint Anna laut in die Runde. Lachend stimmen ihr die Freunde zu.

ENDE

Über die Autorin

Foto: Russkäfer

Klaudia Lehner wurde 1977 als jüngstes von fünf Kindern geboren. Als Tochter eines Tischlermeisters und einer Volksschullehrerin wuchs sie in Pichlern bei Sierning auf. Sie erlebte eine unbeschwerte Kindheit ohne Fernseher und las mit Vorliebe Abenteuerbücher, Historienromane und Krimis.

Seit über 23 Jahren unterrichtet sie an der Privaten Mittelschule St. Anna in Steyr. Im Nebenberuf arbeitet Klaudia Lehner in einem Immobilienbüro als Unterstützung der Geschäftsführung und als Texterin.

Seit 2010 lebt sie mit ihrem Ehemann und den beiden Kindern in Aschach an der Steyr. Bei ausgedehnten Spaziergängen kommen ihr die besten Ideen für ihre Geschichten.

Vier spannungsgeladene Kinder- und Jugendbücher hat sie bisher verfasst. Die Handlung dieses Buchs, zugleich des dritten Bands der Schnackerlbahn-Bande, spielt in ihrem Heimatort Aschach an der Steyr, in Sierning und im weltbekannten Christkindl.

https://klaudialehner.jimdofree.com

Über die Illustratorin

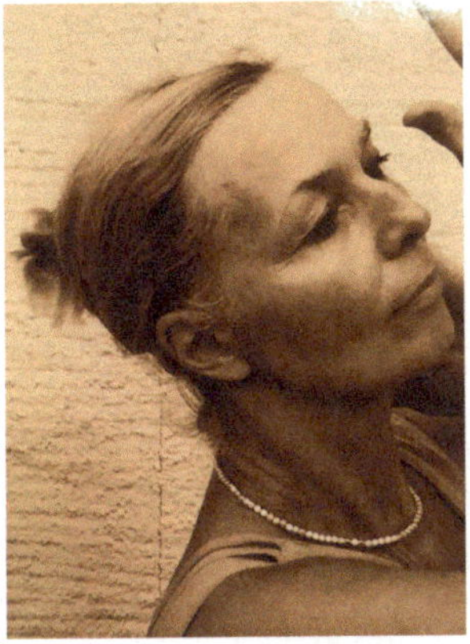

Foto: Stella Bach

Mag. art. Edith Platzl
Geboren am 2. Oktober 1954 in Steyr, Matura am Neusprachlichen Gymnasium in Steyr. Studium am Mozarteum in Salzburg: Bühnenbild und Kostüm, Diplom-Abschluss zum Mag. art. (Lehramt für Bildnerische Erziehung und Textiles Gestalten). Von 1984–1989 Pädagogin für Kunsterziehung und Textiles Gestalten in Salzburg, von 1989–2019 Kunsterzieherin am BG Steyr (Gymnasium Werndlpark).

https://www.edith-platzl.org/

Von Klaudia Lehner weiters erschienen:

Die Schnackerlbahnbande, Band 1: Showdown am alten Bahnhofsgelände
Broschur, 124 Seiten
ISBN 978-3-85068-890-1
E-Book: 978-3-7095-0009-5

Endlich beginnen die lang ersehnten Sommerferien auch für Anna, Sophie, Max und Paulina. Die vier Freunde haben sich zu einer Kinderbande zusammengeschlossen. Wieder einmal haben ihnen die rivalisierenden Mitglieder der Falken ihr Lager im Wald komplett zerstört. Doch dieses Mal lassen sie diese Gemeinheit nicht ungesühnt, die vier rächen sich an den Jungs und finden obendrein am Areal der alten Museumsbahn ein neues Geheimquartier. Immer ausgefeilter und gemeiner werden die Streiche, die sich die verfeindeten Banden liefern, bis es schließlich zum großen Showdown am alten Bahnhofsgelände kommt. Ein spannendes Abenteuerbuch ab 8 Jahren!

Von Klaudia Lehner weiters erschienen:

Die Schnackerlbahnbande,
Band 2:
Jagd nach dem Feuerteufel
Broschur, 156 Seiten
ISBN 978-3-85068-925-0

Es ist Ende August, zusehends verschlechtert sich das Wetter. Leider bleiben den vier Kindern der Schnackerlbahn Bande nur mehr wenige Sommerferientage. Die Nacht des großen Bahnhofsbrandes ist zehn Tage her. Im ehemaligen Geheimquartier der S-Bande, einem alten Waggon der Steyrtal-Museumsbahn, gehen die sieben Kinder eine Wette ein. Wer fängt den Feuerteufel? Die jungen Hobbydetektive scheuen kein Risiko und kombinieren geschickt. Erneute mysteriöse Brandanschläge im beschaulichen Ort stellen die Kinder vor viele Rätsel. Spannung pur für Kinder ab 8 Jahren!

Von Klaudia Lehner weiters erschienen:

Vom Hühnerstehlen ... und anderen Lausbuben-streichen
Hardcover, 136 Seiten
ISBN 978-3-7095-0163-4

Fidaim ist zwölf Jahre alt, er lebt mit seiner Familie im bitterarmen Kosovo. Dort erlebt er eine glückliche, ereignisreiche Kindheit. Es vergeht kein Tag, an dem Fidi nicht ein lustiger Streich einfällt. Liebend gerne ärgert er die strengen Lehrer, die zickigen Mädchen oder die Nachbarn. Hat er Hunger, ist kein Hahn, keine Gurke oder Tomate im Dorf vor ihm sicher. Immer wieder versteht er es, sich mit Charme, Klugheit und Witz aus der Affäre zu ziehen. Eine unterhaltsame Sammlung von Geschichten ab 8 Jahren!